U0734702

"一带一路"系列丛书

# "一带一路"
# 国别概览

## 以色列

李向阳　总主编
李绍先　主　编

陈双庆　编著　　陈来元　审定

大连海事大学出版社

**图书在版编目(CIP)数据**

以色列 / 陈双庆编著. — 大连：大连海事大学出
版社，2019.12

("一带一路"国别概览 / 李向阳总主编)
国家出版基金项目
ISBN 978-7-5632-3937-5

Ⅰ.①以… Ⅱ.①陈… Ⅲ.①以色列-概况 Ⅳ.
①K938.2

中国版本图书馆CIP数据核字(2020)第000512号

**大连海事大学出版社出版**

地址：大连市凌海路1号　邮编：116026　电话：0411-84728394　传真：0411-84727996
http://press.dlmu.edu.cn　E-mail:dmupress@dlmu.edu.cn

大连海大印刷有限公司印装　　　　　　　　　大连海事大学出版社发行

2019年12月第1版　　　　　　　　　　　　2019年12月第1次印刷
幅面尺寸：155 mm×235 mm　　　　　　　　　印数：1～3000册
印张：11　　　　　　　　　　　　　　　　　字数：167千

出　版　人：余锡荣　　　　　　　　　　　　项目策划：徐华东
责任编辑：史云霞　　　　　　　　　　　　责任校对：陈青丽　董洪英
　　　　　　　装帧设计：孟　冀　解瑶瑶　张爱妮

ISBN 978-7-5632-3937-5　　　　　　　　　　定价：55.00元

# "一带一路"国别概览

## 丛书编委会

▶ **主　任**　李向阳

▶ **副主任**　徐华东　李绍先　郑清典　李英健

▶ **委　员**　李珍刚　姜振军　张淑兰
　　　　　　尚宇红　黄民兴　唐志超
　　　　　　滕成达　林晓阳　杨　淼

2013年秋，国家主席习近平在哈萨克斯坦和印度尼西亚出访期间，先后提出共建"丝绸之路经济带"和"21世纪海上丝绸之路"的倡议，倡导共商、共建、共享理念，得到国际社会广泛关注和积极响应。"一带一路"倡议旨在积极发展与沿线国家的经济合作伙伴关系，共同打造政治互信、经济融合、文化包容的利益共同体、命运共同体和责任共同体。

"一带一路"倡议源自中国，更属于世界，它面向全球、陆海兼具、目的明确、路径清晰、参与方众、反响热烈。五年间，"一带一路"倡议从理念转化为行动，从愿景转变为现实，在顶层设计、政策沟通、设施联通、贸易畅通、资金融通、民心相通等方面都取得了显著的成果，为实现世界共同发展繁荣注入推动力量、增添不竭动力。目前，我国已与100多个国家和国际组织签署了共建"一带一路"合作文件。共建"一带一路"倡议及其核心理念被纳入联合国、二十国集团、亚太经合组织、上合组织等重要国际组织成果文件。

"一带一路"沿线国家地理地貌、风俗人情、经济发展、投资环境各不相同，极有必要对其进行系统的介绍和分析。此外，目前针对"一带一路"沿线国家的研究仍不够深入，缺少系统、整体的研究资料。大连海事大学出版社组织策划的"'一带一路'国别概览"丛书（首批65卷）适逢"一带一路"倡议提出五年后下一个阶段深入推进的需要之时，也填补了国内系统地介绍"一带一路"沿线国家国情的学术专著的空白，获得了国家出版基金项目资助，并入选教育部全国高校出版社主题出版选题。

"'一带一路'国别概览"丛书（首批65卷）联合中国社会科学院、北京大学、山东大学、宁夏大学、广西民族大学、上海对外经贸大学、黑龙江大学等多家高校及研究机构编写，并组织驻"一带一路"沿线65个国家的前大使对相关书稿进行审定。本套丛书不仅涵盖了各国地理、简史、政治、军事、文化、社会、外交、经济等方面的内容，突出了各国与丝绸之路或海上丝绸之路的历史渊源，力争为读者提供全景式的国情介绍，还从"一带一路"政策出发，引用实际案例详细阐述了中国与各国贸易情况及各国的投资环境，旨在为"一带一路"的推进提供强大的智力支持，加快科技成果转化，促进合作人才培养，帮助我国"走出去"的企业有效地防控风险，从而全方位地助推"一带一路"建设。

"'一带一路'国别概览"丛书（首批65卷）的顺利出版得益于大连海事大学出版社的精心策划和组织，也凝聚着百余位相关领域专家学者的心血，在此深表感谢。

国家主席习近平曾深情地说："'一带一路'建设承载着我们对美好生活的向往，将把每个国家、每个百姓的梦想凝结为共同愿望，让理想变为现实，让人民幸福安康。"我们也希望本套丛书可以为"一带一路"建设架起一座沟通的桥梁，推动"一带一路"倡议在沿线国家向更深远和平稳的方向发展。

"'一带一路'国别概览"丛书编委会

2018年6月

# 前言

　　以色列是一个面积只有1.52万多平方千米，现实际控制面积为2.5万平方千米，人口仅有900多万的"弹丸小国"，疆域狭小，土地贫瘠，资源稀缺，与巴勒斯坦阿拉伯人领土争端久拖不决，且与中东地区多数国家长期处于敌对状态。历史上，古代犹太人历经磨难。早期在巴勒斯坦建立的犹太国家几经战乱，最终被罗马帝国所灭。犹太人被迫流散到世界各地近2 000年。19世纪末，在犹太复国主义运动的引领和大国的支持下，犹太人开始移居巴勒斯坦，最终在1948年建立以色列国。

　　从建国到20世纪70年代，以色列和阿拉伯国家经过四场战争，最终开启了和平进程。因阿以领土争端夹杂着民族、宗教矛盾，错综复杂，和平进程充满坎坷、曲折漫长。建国后，以色列在不断应对外部安全威胁的同时，在政治、经济、军事和外交等领域取得举世瞩目的成就。与此同时，以色列国内政治、社会矛盾也日益突出，对其国家的发展形成一定制约。

　　以色列国小能量大，是中东地区唯一的发达国家。其较高的科技水平和创新能力，以及其特殊的战略位置和在地区安全中的独特作用，决定了其在"一带一路"中不容忽视的重要地位。

　　以色列与中国共建"一带一路"有着深厚、坚实的基础。首先，从历史上看，犹太民族与中华民族的交往源远流长。尽管以色列和中国建交历经波折，但两国关系的发展总体顺畅。其次，随着中国国际地位的不断攀升，对地区事务，特别是巴勒斯坦问题的影响力和作用也水涨船高。再次，中以两国经贸关系发展迅猛，以高科技与创新合作为"龙头"，相互投资的领域不断扩大、数量日益增长、质量逐步提升。与此同时，两国的人文交流与合作也稳步推进，卓有成效。当然，在中以两国关系发展过程中，还存在一些矛盾和问题。然而，彼此经济互补的现实基础，加上双方均抱有实现互利共赢的良好愿望，有理由相信，中以两国必将在共建"一带一路"的合作过程中奏出新的和谐乐章。

本书创作于长期潜心研究的基础之上，并结合作者在以色列学习、工作的亲身经历和体会，对涉及以色列历史、现状的重要领域进行了较为详尽的介绍和描述，并从"一带一路"的视角，对中以关系的发展脉络进行了较为系统的梳理和总结。希望能够通过此书，帮助读者更好地了解以色列这个神奇的国度，更深地理解其对"一带一路"的重要意义。

编　者

2019年6月

# 目录

上篇

# 第一章　地理概况

## 一、地理区域

以色列位于亚洲西部，西濒地中海，东临死海，北与黎巴嫩接壤，南接亚喀巴湾并直通红海。以色列地形狭长，南北长约450千米，东西平均宽度为50千米，最宽处为135千米。在以色列的国土面积中，沙漠地区占45%，平原和峡谷占25%，山地占16%，断裂带峡谷占9%，沿海岸地带占5%，以色列大致可划分为四个地理区域。

### （一）沿海平原

以色列濒临地中海的海岸线地势平坦，形成了沿海平原。这是一条狭长地带，由北到南从海岸沿线平均伸进内地约40千米。地中海沿岸平原占国土面积的5%，土地肥沃，海法、内坦亚、特拉维夫等大城市分布于此，集中了全国大部分的工业、农业、旅游业以及近一半的人口，是以色列人口最稠密的地区。

### （二）中部山地

以色列中部从北到南，主要分为加利利、撒马利亚和犹地亚三个山区。加利利山区的范围北到利塔尼河，东至北约旦谷地，西至地中海，南到伊茨雷埃勒谷地。加利利山大多由硬度较低的石灰石和白云石构成，海拔500~1 200米。该地区有一个名为"加利利海"（亦称

"太巴列湖")的淡水湖，它是以色列最大的湖，其水源主要来自约旦河和雨水。加利利山和撒马利亚山之间是伊茨雷埃勒谷地，这里是以色列最富饶的农牧业区。

### （三）约旦河谷和阿拉瓦草原

约旦河谷和阿拉瓦草原贯穿以色列东部地区。其北部地区极为肥沃，南部为半干旱地带。约旦河汇集了来自赫尔蒙山的溪流，自北向南流经断层，经肥沃的胡拉谷地，进入加利利海，再曲折地流过约旦河谷，流入死海，全程约300千米，落差达700米。约旦河河道较窄、水浅，河水只在冬天雨季时上涨。

阿拉瓦草原从死海南岸起一直延伸到位于红海入海口的埃拉特湾。该地区年平均降水不到25毫米，夏季气温特别高。因采取了适合当地气候的耕作技术，这里可生产温室水果和蔬菜，其大部分产品供出口。埃拉特湾位于该地区南端，属亚热带气候。

### （四）内盖夫地区

内盖夫为希伯来文，意为"干燥"，内盖夫地区指以色列南部的沙漠地区。该地区面积约1.22万平方千米，约占以色列实际控制面积的一半，地貌呈尖角朝南的三角形，主要由东北向西南走向的多断层褶皱带、峡谷、低矮的砂岩山、岩峰、火山口、纵横交错干涸了的河道平原以及岩石覆盖的高原组成，其地质为石灰岩和白垩岩。内盖夫有三个风化火山口（即狭长的裂谷状盆地），其中最大的一个长35千米、宽8千米，深深地切入地壳。其最南端是一些由灰色、红色的花岗石所构成的干涸峡谷和直立峭壁，以及五光十色的砂岩层地表，在烈日照射下闪闪发光。

## 二、气候特征

以色列属于地中海气候，冬季温和湿润、夏季炎热干燥。其气候特点主要表现为区域性特征明显，从海拔2 800多米的赫尔蒙山，到海拔降到海平面以下近400米的死海，不同地带的气候状况各不相同，有的地方具有温带气候特征，有的地方呈现出热带气候特点。在沿海一带，夏季潮湿，冬季温暖；在山区，夏季干燥，冬季稍冷；在约旦河谷，夏季炎热干燥，冬季气候宜人；在内盖夫，常年为半沙漠气候，天气变化无常，有山脉经过的、海拔较高的地区冬季有时还会下雪，但在春、秋两季则周期性地刮干燥的热风，气温急剧上升。

以色列全年主要分为两个差异明显的季节：夏季（4月—10月）炎热干燥，阳光充足，最高气温 39 ℃，5月—9月基本没有降水。冬季（11月—次年3月）温和湿润，降温和降水多集中在1月，最低气温 4 ℃左右。以色列北部和中部降水量相对较大，南部内盖夫地区的降水量相比大幅递减。

## ❀ 三、自然资源

### （一）水资源

以色列降水量少且分布不均匀，其年降水量北部约1 000毫米，向南递减至25毫米，沿海地区约508毫米。以色列全国一半以上面积的年降水量不足180毫米。以色列的沙漠、半沙漠地区约占实际控制面积的 2/3，并集中在南部地区。因蒸发严重，南部地区地下水多为咸水。恶劣的自然条件致使以色列水资源匮乏严重。以色列全国每年可用淡水资源约20亿立方米，人均水资源占有量远远低于国际公认的贫水线（人均5 000立方米）。"水比油贵"是以色列水资源短缺的真实写照。

以色列的淡水资源主要由三个部分组成：（1）北部水系。集中在北部加利利海和约旦河一带。约旦河是以色列唯一的河流，年径流量5.2亿立方米，分为上约旦河与下约旦河两个部分。下约旦河的源头加利利海是以色列境内最大的淡水湖，其供水量约占全国用水总量的30%。（2）地下含水层。以色列的地下含水层主要有两个：一个位于西部沿海平原，大致从北部的卡梅尔地区延伸至加沙以北。另一个位于中部山区，北起卡梅尔地区，南至内盖夫沙漠北端的比尔谢巴。以色列全国共有2 800口用于开采地下水的水井，在沿海平原区还有150口专门用于地下水回灌的水井。（3）自然降水。以色列北部山区每年的可用降水量约占全国用水总量的25%。

### （二）土地资源

因国土面积小，加上气候受到东、南毗邻沙漠的影响，以色列60%的国土属于干旱地区，只有20%属于半湿润地区，40%的土壤贫瘠，沙漠和丘陵地带居多，耕地面积很少。对此，以色列政府因地制宜，采用多种方法最大限度地开发和利用有限的土地资源，其主要措施有：排干沼泽，开垦良田；改良农作物品种和耕作方法；植树造林，防风固沙，改良沙漠。

### （三）动植物资源

以色列境内约有动植物4.7万种，其中已识别的植物有2 800多种，既有生长在北部赫尔蒙山坡上的高山植物，也有生长在南部阿拉瓦的撒哈拉沙漠植物。在北部加利利山和卡梅尔山以及部分丘陵地带，有大片的天然森林，主要树种为橡树。冬季过后，盛开忍冬花、半日花、红牡丹和金雀花等多种花卉，还有纸莎草等稀有植物。在内盖夫地区，既有繁茂的树木，也有人工栽培的白百合、郁金香等花卉。每年12月—次年3月，樱草花、银莲花、羽扇豆等竞相绽放。夏末则有藏红花等花卉绽放。以色列树种繁多，主要有松树、柳树、桉树等。以色列的鸟类有500多种，主要有夜莺、老鹰、杜鹃、燕八哥等。以色列每年有数十万只候鸟飞往北部加利利地区栖息。以色列有哺乳动物100多种，主要有狐狸、山羊以及各种丛林猫科动物等。另外，以色列还有蛇、蜥蜴等近百种爬行动物和7种两栖动物。

### （四）矿产资源

以色列的钾盐储量丰富，因此成为世界上最大的钾盐生产国。其他矿产较为贫乏，主要有镁、铜、食盐、石膏、石灰石、云石、石英砂、磷酸盐、溴化物等。

## 第二节　水务管理

以色列是世界上水资源最贫乏的国家之一。以色列与周边国家存在水资源争端：与叙利亚围绕加利利湖水使用权的争夺，与约旦对约旦河水的争夺以及与巴勒斯坦自治政府围绕地下水开采的争端等。这就更加加重了以色列在水资源问题上的危机感。针对水资源严重匮乏的状况，以色列政府将对水资源的开发、保护、管理和科学使用纳入可持续发展战略。建国以来，以色列通过科学管理和开源节流等方式，实现了对有限水资源的高效利用。

## ❀ 一、对水资源进行科学管理

以色列政府将水资源定为国家的战略资源，并从可持续发展的战略高度出发，把科学用水作为基本国策。以色列政府不仅制定了关于水资源开发和利用的法律、法规，而且建立了有效的管理体制，对水资源在生产、生活领域中的使用进行合理配置。

首先，为强化水资源管理，以色列政府制定了一系列关于水资源使用的法律、法规。以色列政府于1959年颁布了《水法》，1971年和1991年又两度对其进行修改。《水法》对用水权、用水额度、水费征收、水质控制等都做了详细规定，主要内容有：水资源归国家所有，由国家统一管理，主要用于满足民用和国家发展；严格控制水源使用和地下水开采，政府有权根据不同的用途、用水量、用水条件和用水质量标准制定供水配给量；所有用水户都必须安装水表，实行计量收费。《水法》的实施，为以色列设立处理涉水事务的行政和司法机构提供了法律依据。

以色列政府还注重使用经济手段和市场机制保护水资源。以色列政府实行发放用水许可证、配额制及鼓励节水的有偿用水制，并加强管理措施，以促进节水。在水费收取方面，以色列实行严格的配额奖惩措施。按照水成本每立方米0.3美元，规定城市水价为0.7美元每立方米，对农业水费的征收实施阶梯价格制。

其次，设立国家水资源专门管理机构，统一管理水资源的开发、分配、收费及污水处理等。以色列主要的水资源管理机构有：（1）水利理事会。负责《水法》的具体实施。（2）水利委员会。负责全国的水资源管理。（3）水事法庭。负责处理与水有关的法律问题。（4）水价均衡基金会。该基金会的主要职能是对一些特殊的犹太人定居点提供用水补贴。（5）国营水利公司。主要有两家：一个是国家水规划公司，主要负责国家和各个地区的水利工程设计；另一个是麦考罗特（MEKOROT）公司，负责全国输水系统的管理，以及开发新水源，保证所有地方的正常用水，并从事打井、海水净化、咸水和污水处理等具体的工程项目。

再次，加强宣传教育，提高全民的节水意识。以色列政府十分注重对公众的节水教育，经常通过大众媒体进行节水宣传。（1）通过报纸、广播、电视等发布节水公益广告，内容包括"每一滴水都弥足珍贵""节省每一滴水，请用淋浴代替泡澡"等。（2）推广有大、小两个按钮的抽水马桶，以根据不同的需要酌量用水。（3）推广使用节水的水龙头。（4）在所有的用水地点都贴有"请节约用水"的标志，督促人们在不用水时关紧水龙头。（5）建议人们在用洗碗机时采取节水方式洗涤。媒体还鼓励大家相互交流节水窍门。（6）一些地方政府还采取在公告栏中张贴节水告示、派专人在街头散发节水传单的方式进行节水宣传。此外，以色列还运用媒体"扬善惩恶"，对"节水模范"大加赞扬，同时对浪费水的坏典型进行曝光和鞭挞。

## ❖ 二、开发利用水资源的措施

以色列政府制定水资源战略的指导思想是：尽可能开发所有可以利用的水源以及大力推行节水政策。为此，以色列政府制订并实行了有关开源节流的具体措施。

一是开源。以色列政府采取内外结合的多种方式，广开水源渠道。主要措施有：

第一，建立全国输水系统。以色列政府投资数亿美元建设全国输水系统，该系统于1964年建成并投入使用。该系统用水泵把位于海平面以下的加利利湖水抽到海拔152米高处，然后通过输水管道运往沿海和南部内盖夫沙漠地区，沿途还修建了水库、抽水站等配套设施。以色列全国输水系统不仅用于供水，而且能够在早春和冬季排放过多的雨水，补给沿海地区的地下含水层，有效地防止因地下水水位下降造成海水倒灌，破坏含水层。

第二，利用海水。以色列海水淡化技术已居世界前列，如IDE海水淡化技术公司在国际上享有很高的知名度。凭借先进的技术和设备出口，以色列在国外承建了300多家海水淡化厂。此外，以色列还想办法直接利用海水，专门培育了可用海水灌溉的灌木和以这种灌木为主要饲料的羊。

第三，收集天然雨水和人工降雨。鉴于北部降雨较多，以色列充分利用北部山地、丘陵，顺山势以及沿着岩洞中渗漏出的水流方向，挖掘引水小沟，修建小型蓄水池，并沿水流途径种植果树，达到因地制宜的效果；通过在地表挖掘横竖成行成列的小坑的方法收集雨水，并将其用于种植棉花、马铃薯等作物。另外，以色列还运用人工降雨技术，通过飞机在云层中播撒干冰和碘化银，降低云层温度，促使雨滴形成，增加降雨量。

第四，开发地下咸水。为了节约淡水，以色列大力开发地下咸水。以色列专门培育了用咸水灌溉的小麦、棉花、西瓜、西红柿等作物，特别是培育了一种叫"沙甜"的作物，该作物不仅甜度提高了，而且可储存半月不变质，还出口到欧洲等地。

第五，从国外进口水。以色列曾与土耳其达成协议，每年从土耳其进口约5 000万立方米淡水。

二是节流。主要措施有：

第一，控制水污染。为了解决加利利海的水污染问题，以色列实施温泉水流改道工程，使其绕过加利利海直接排入约旦河，从而大大降低了水中氯离子的含量。通过养鱼净化水质的技术是以色列的独创。另外，以色列还在鱼塘和水库之间建立封闭的水循环系统，即让水库的水不断地流入密闭的鱼塘，然后再回流水库，这样既净化了水库蓄水，又节省了鱼塘用水。

第二，开发污水再利用技术。以色列政府于1972年制订了"国家污水再利用工程"计划，开展利用污水进行灌溉的研究和试验。根据该计划，以色列兴建了污水处理厂和蓄水池，负责处理污水和生产净化水，并将经处理的污水通过管道与全国水网相连。经过处理的污水一部分可用于农业灌溉，一部分还可作为非饮用的生活用水。此外，以色列科学家还研发出"土壤蓄水层处理技术"，将处理后的污水重新注入蓄水层。

第三，推广节水灌溉技术。在以色列，滴灌和喷灌等现代节水灌溉技术已经完全取代了传统的沟渠漫灌。滴灌系统是通过塑料管道和滴头将水直接送到植物最需要水的根部，其优点，一是使最少的用水量达到最佳的灌溉效果；二是可减少水土流失；三是可使用咸水或净化后的污水（其盐浓度高于淡水）直接灌溉，且可避免土壤盐碱化。据统计，采用滴灌生产的西红柿每公顷产量达80吨，黄瓜产量达30吨，茄子产量达70吨，产量比采用传统灌溉方式提高了3~7倍。喷灌是一种封闭式的输水和配水灌溉系统，可有效地减少田间灌溉过程中水的渗漏和蒸发损失，使水、肥的利用率达80%~90%，可节约农业用水30%以上，节省肥料30%~50%，同时还避免了传统灌溉的沟渠占地，大大提高了农田的单位面积产量。此外，以色列还注重把握农作物最需要水的关键时期，精确控制时间，做到及时浇灌。

第四，采取节水措施。（1）推广使用节水的洁具和厨具。（2）以色列有关部门经常在全国范围内检查水管"跑、冒、滴、漏"现象，以减少水资源的浪费。以色列政府一方面号召居民随时检修自家水管，另一方面专设举报电话，鼓励群众向有关部门报告水管或消防龙头破损的信息。（3）明令禁止在洗车过程中的用水浪费。为杜绝私家车车主用水管直接冲洗汽车，造成水被严重浪费的现象，相关部门专门建立了利用循环水洗车的专业电脑自动洗车行。（4）提倡科学浇灌。政府要求居民选择早晚天气凉爽的时候浇灌花园，防止因暴晒和风大导致水分未被植物吸收就直接蒸发。（5）明令禁止对草坪和部分公园、花园的绿地实施灌溉。

## 第三节　　国土疆域

以色列地处地中海的东南方向，北靠黎巴嫩、东邻叙利亚和约旦、西南边与埃及接壤。1947年11月，联合国大会通过关于巴勒斯坦分治的181号决议，决定在巴勒斯坦地区分别成立犹太国和阿拉伯国，遭到阿拉伯国家强烈反对。自1948年5月14日诞生之日起，以色列与周边阿拉伯国家陆续打了五次大规模战争，以色列实际控制的面积也随着战争结果而不断变化，因此拥有了"移动中的边界"。目前，以色列实际控制面积约为2.5万平方千米，其中包括约旦河西岸和戈兰高地等有争议的地区，实际控制面积大抵相当于一个半北京市或两个天津市。巴勒斯坦问题的核心，就是阿拉伯和犹太两个民族对这同一块土地的排他性争夺。

根据联合国1947年11月通过的181号决议，在巴勒斯坦约2.7万平方千米的土地上分别建立阿拉伯国（约1.1万平方千米）和犹太国（约15 850平方千米），耶路撒冷（约158平方千米）则作为"特区"，由联合国管辖。其中"犹太国"由三个部分组成：东加利利地区、西北地区和沿海平原，以及南部地区；"阿拉伯国"则分为四个部分：北部的中、西加利利地区，以约旦河西岸为主体的中部地区，西南沿海地区的加沙地带及与之相连的一个长条地区，以及雅法城飞地。由于该方案中土地分配不公（占人口总数仅31%的犹太人却分到了58.7%的土地）和人口构成的不合理（32%的阿拉伯人被划入"犹太国"境内），遭到阿拉伯人强烈反对。1948年5月15日，以色列单方面宣布"建国"后的第二天，第一次中东战争爆发，拟建的阿拉伯国"夭折"。181号决议划定的、"理论上具有法律意义的"两国边界线也就此名存实亡。

之后，历经几次中东战争，巴以之间所谓边界线实际上被一次又一次的"停火线"或以色列单方面行动造成的"既成事实"所取代。1949年，以色列分别与埃及、黎巴嫩、约旦和叙利亚签订停战协议，于是产生了一条停火线（以色列称之为"绿线"），大致范围是：北部和东北部分别与黎巴嫩和叙利亚交界，东部与约旦和约旦占领区（约旦河西岸）交界，南部与埃及的西奈半岛和埃及占领区（加沙地带）交界。从地图上可以看出，根据"绿线"，以色列实际控制面积比181号决议中的"犹太国"大了许多，从15 850平方千米扩展到20 700平方千米。

1967年6月第三次中东战争后，以色列占领了加沙地带、包括东耶路撒冷在内的约旦河西岸、埃及的西奈半岛和叙利亚的戈兰高地。于是产生了新的分界线（以色列称之为"紫线"）。1982年，以色列根据与埃及签署的和约撤出西奈半岛。2005年，沙龙政府推行"单边行动计划"，从加沙撤军，并全部拆除了在加沙的21个定居点，将7 826名犹太定居者安置到以色列境内。自此，加沙完全由巴方控制。

可见，如今常说的"1967年前边界线"，实际上就是1949年停火线，即"绿线"。在以色列先后退出埃及的西奈半岛和加沙地带后，"绿线"所圈定的范围仅限于约旦河西岸。2011年5月20日，美国总统奥巴马所说的"以巴边界应当以1967年前的界线为基础"，言外之意是要求以色列退出全部约旦河西岸领土。

1967年11月，联合国安理会通过第242号决议，要求"以色列军队撤离其在最近冲突中占领的领土"，却只字不提其在1948年战争中侵占的、联合国181号决议划为"阿拉伯国"的领土，实际上是默认了未来巴勒斯坦国的疆域将被限定于"绿线"以东的约旦河西岸和加沙地带。后来的联合国338号决议中也没有要求以色列撤出所有巴勒斯坦被占领土，而是认为"一个安全和重新调整的边界将会使本地区每个国家和平相处"。而以色列也只宣布了对包括东耶路撒冷在内的整个耶路撒冷拥有主权，对约旦河西岸和加沙地带仍一直称之为"被占领土"。特别是2005年沙龙政府实施撤出加沙的"单边行动"，也透露出其并不打算永久占领的意向。尽管如此，以色列对未来以巴边界划分是早有盘算的，其核心思想便是决不会接受"绿线"，而是必须"东扩"。这一思想反映在20世纪90年代开启的巴以和平进程中。

根据1993年9月巴以签署的《巴勒斯坦临时自治安排原则宣言》（即《奥斯陆协议》），以色列开始在约旦河西岸和加沙地带进行重新部署。1995年9月双方签署的《约旦河西岸和加沙地带过渡协议》首次提出了以方最终向巴方移交领土的大致范围，即"到重新部署阶段结束时，除规定要由永久地位谈判解决的地方（犹太人定居点和军事设施等），巴勒斯坦人将对约旦河西岸大部分地区行使地域管辖权"。这样的表述暗示着以色列不会交出全部巴勒斯坦被占领土。为了实现"绿线"的东扩，以色列主要采取了两种做法：一是对约旦河西岸实施区域划分，即分为A区（完全由巴方控制）、B区（由巴方负责民事管理，以方负责安全事务）和C区（完全由以方控制）。其中，以控区多为战略要地以及土地和水资源较为丰富的地区，且对巴控区形成包围、切割之势。巴勒斯坦民族权力机构只全部或部分控制（A区＋B区）约旦河西岸43%的领土。

以色列实施"绿线"东扩的另一个手段就是在约旦河西岸修建隔离墙。2002年6月，以色列开始修建计划总长360千米的安全隔离墙，以便将以色列本土与约旦河西岸巴勒斯坦自治区隔离开来。在隔离墙走向问题上，以色列主要考虑的是自身的国家安全，并未顾及未来巴勒斯坦国领土的完整性。为保护一些距离"绿线"比较远的犹太人定居点，以色列制订的隔离墙计划向这些定居点所在的"突出部"弯曲，以便与主隔离墙相连。这样就增加了圈占巴勒斯坦的土地和人口，并使巴控区支离破碎、缺乏连续性，从而使未来巴勒斯坦国在安全、行政管理和基础设施建设等方面面临严重困难，增加了其建国的难度。根据以色列以确保"绝对安全"为基石的国家安全战略观，战略纵深不可或缺。据此，退回到"绿线"被以色列人认为是以色列的"灾难"。

其一，以色列国土狭小，严重缺乏战略纵深。根据以方绘制的地图，约旦河西岸的西沿到东部地中海的最短距离只有15千米，平均距离也不过25千米。以色列人认为，一旦发生战争，敌军完全可以从中间突破，将以色列国土分割成南北两部分。

这一事实时刻提醒以色列领导人不可将国家安全寄托于敌人的软弱等"侥幸"因素，而必须为扩大安全战略纵深早做谋划。1948—1967年，在约旦控制约旦河西岸的情况下，以色列一直担心如果遭到埃及、约旦和叙利亚协调一致的同时进攻，那么以色列将根本无力抵抗。以色列前任外交部部长阿巴·埃班甚至称之为"奥斯维辛边界"，意在揭示其危险性和不可防御性。这也是以色列下决心发动1967年战争，谋求扩大战略纵深的主要动机。1973年由埃及和叙利亚共同发起的第四次中东战争给以色列上了生动的一课。在突然遭到灭顶之灾之际，除了美国的鼎力支持外，扩大的战略纵深（1967年占领的西奈半岛和戈兰高地）为以色列提供的天然安全屏障大大减缓了敌人的进攻速度，为以色列国内的战争动员赢得了宝贵的时间。

由此，通过建立犹太人定居点占据约旦河西岸，特别是战略要地，对以色列本土的安全至关重要。同时，犹太人定居点的存在也为以军驻扎在约旦河西岸地区提供了"法理"依据。不仅如此，早期建立的一些定居点处于边境前沿等重要战略位置，且居民生活高度军事化，成为以色列的军事据点和前哨，承担着重要的防御功能。经过几十年的发展，以色列在约旦河西岸营建的犹太人定居点达130多个，其中许多定居点与巴勒斯坦村庄相互交织，难解难分。可见，犹太人定居点问题与未来巴勒斯坦国和以色列之间的边界划分紧密相关。

其二，耶路撒冷是以色列国统一、不可分割的首都，一直是以色列政府在巴以谈判中恪守的"红线"。而1967年前，包括东耶路撒冷（内含犹太教、基督教和伊斯兰教三大宗教圣地的"老城"）在内的约旦河西岸是完全由约旦控制的。"绿线"恰恰是沿着耶路撒冷老城城墙将其分为东、西两部分。一旦退回"绿线"，以色列将再度失去包括老城在内的东耶路撒冷。这是以色列从政府到普通民众都不能接受的。

对巴勒斯坦方面来说，"1967年前边界线"则有着与以色列完全不同的特殊意义。一是关系到在东耶路撒冷建立未来巴勒斯坦国首都。这既是巴勒斯坦的立国之本，也是几代巴勒斯坦人的梦想。二是关系到约旦河西岸能否完全回归巴方，保证未来巴勒斯坦国领土和主权的完整。1948年第一次中东战争不仅使巴勒斯坦人丧失了建国机会，而且使他们失去了本应拥有的大片领土。巴方不能容忍以色列通过"绿线"东扩进一步蚕食约旦河西岸，侵蚀未来的巴勒斯坦国土。由此，巴方长期以来一直没有放弃在"1967年前的边界"内建立以东耶路撒冷为首都的巴勒斯坦国的要求。

纵观历史，历届美国政府对巴勒斯坦问题的立场总体上是服务于其整体中东战略，并随着不同时期中东战略的变化而调整的。克林顿执政时期，奉行"东遏两伊，西促和谈"的中东政策。在2000年夏天美国主导的戴维营三方会谈中，克林顿政府提出了土地交换建议，即以色列继续控制约占巴勒斯坦领土5%~6%的犹太人定居点，并保有主权，同时以色列将拿出相当的领土与巴勒斯坦交换。这一建议的实质，就是确定以方将绝大部分西岸领土交还巴方。然而，到了小布什执政时期，美国中东政策的主旨变为反恐战争和推行以民主改造为基调的"大中东计划"。与之相应，美国对巴勒斯坦问题的口径也发生了变化。2004年4月14日，小布什总统在给以色列前总理沙龙的信中特别强调："鉴于新的现状，包括已经存在的以色列主要人口中心，巴以最终地位谈判如果完全按照1949年停火线划分边界是不现实的。"这实际上表明美国支持以色列合并部分西岸地区的大型定居点。奥巴马上台后，为推动巴以和谈，拉拢动荡的中东亲美"温和"国家，提出"以巴边界应当以1967年前边界为基础，并根据双方达成的协议交换土地，使两个国家都有安全的、得到承认的边界"，引起以色列的强烈不满。

2017年特朗普上台后，一改前任奥巴马政府不断对以色列施压的政策，在巴勒斯坦问题上完全偏向以色列一方，不仅公开承认耶路撒冷为以色列首都，将美国驻以色列使馆由特拉维夫迁至耶路撒冷，而且酝酿推出所谓"世纪协议"，试图推翻以"土地换和平"为基本原则的"两国方案"，迫使巴勒斯坦接受"投资换主权"，放弃建国。美国驻以色列大使弗里德曼甚至声称，以色列在特定条件下可吞并约旦河西岸部分领土。

# 第二章　简史

## 一、历史概述

公元前1006年，犹大部落的大卫领导犹太人打败当地的迦南人和非利士人，建立了希伯来王国。

公元前973年，大卫王之子所罗门继位，在耶路撒冷建造了规模宏大的圣殿，用于供奉上帝，史称"第一圣殿"时期。

公元前930年，希伯来王国分裂为北方的以色列王国（定都撒马利亚）和南方的犹大王国（定都耶路撒冷）。

公元前586年，新巴比伦王国灭犹大王国，攻陷耶路撒冷，摧毁了圣殿，并将犹太人掳往巴比伦为奴，史称"巴比伦之囚"。自此，希伯来王国彻底覆亡。

公元前539年，波斯帝国灭新巴比伦王国，居鲁士大帝允许犹太人返回。

公元前330年，波斯帝国被马其顿国王亚历山大所灭。自此，巴勒斯坦犹太人便处于希腊人的统治之下。

公元前63年，罗马帝国大将庞培攻占耶路撒冷，将巴勒斯坦划归罗马帝国叙利亚省管辖。

从66年至135年，犹太人发动了数次反抗罗马统治的起义，史称"犹太战争"，但均以失败告终。

135年，绝大部分犹太人被驱逐或逃离巴勒斯坦，流散到世界各地。其中不少人去了欧洲。

1516年，巴勒斯坦被纳入奥斯曼帝国版图，成为其一个省份。

## ❧ 二、犹太复国主义

19世纪中叶之后，许多犹太知识分子精英经过思考、探索和研究，创建了政治犹太复国主义理论。其中，海斯、平斯克尔和赫茨尔等起到了关键作用。

海斯是第一个从政治角度提出复国理论的犹太思想家。他于1862年出版了《罗马和耶路撒冷》一书，系统阐述了对解决这一欧洲"最后一个重大民族问题"的看法。他明确提出现代犹太民族的概念，强调保持犹太人的独特性，主张在巴勒斯坦组织犹太人的民族中心。

平斯克尔生于波兰，后到俄国莫斯科大学学医。与海斯一样，他早期也曾希望通过同化方式使犹太人获得平等和自由。他意识到自己向往的同化道路行不通，进而开始反思并重新规划彻底改变犹太人处境的方案。

赫茨尔是最终使政治犹太复国主义成为系统完整理论的集大成者。1896年2月，赫茨尔的著作《犹太国》在维也纳出版，主要内容有：犹太人问题既不是社会问题，也不是宗教问题，而是民族问题，不可能通过同化解决；只有将其作为一个世界性的政治问题，并由全世界的文明国家开会讨论才能解决。赫茨尔通过该书完整、系统地阐述了政治犹太复国主义的纲领，为创建世界犹太复国主义组织奠定了理论基础，标志着现代意义上的政治犹太复国主义理论基本形成。

## ❧ 三、从梦想到现实

从犹太复国主义兴起到以色列建国历经半个世纪，大致分为三个阶段。

第一阶段（1897—1913年），召开会议和成立组织机构，确定建国目标。1897年，在赫茨尔的大力推动下，在瑞士巴塞尔举行第一届犹太复国主义者代表大会，来自东欧、西欧、美国和阿尔及利亚的近200名代表出席。与会代表一致选择巴勒斯坦为未来犹太国所在地，并通过了犹太复国主义运动的纲领，确定犹太复国主义的目标是在巴勒斯坦为犹太民族建立一个有公共法律作为保障的犹太国家。此次大会成立了由赫茨尔任主席的"世界犹太复国主义者协会"，确定了犹太国的国旗和国歌。

　　第二阶段（1913—1946年），全力争取英国的支持。1913年，在维也纳召开的第十一次犹太复国主义者代表大会上，英国化学家哈伊姆·魏茨曼提出，协约国将在第一次世界大战中获胜，巴勒斯坦将被纳入英国的势力范围。1917年11月2日，英国外交大臣贝尔福以致函给犹太复国主义领导人的方式发表著名的《贝尔福宣言》，主要内容有：英国政府赞成在巴勒斯坦建立一个犹太人民的民族之家，并将尽最大努力保证这个目标的实现。1920年，犹太工人总工会成立。同年，犹太工人联合党代表大会决定，成立地下准军事部队"哈加纳"（希伯来语意为"自卫"），承担保卫犹太人居住区的任务。1929年，犹太复国主义组织在巴勒斯坦建立了代办处，负责协助犹太人移居巴勒斯坦、推动经济增长、加强"伊休夫"自卫能力、促进希伯来语言文化发展等，实际上发挥了政府职能。1942年5月，在纽约比尔特摩旅馆，召开了以美国犹太复国主义组织代表为主的大会。

　　第三阶段（1946—1948年），犹太复国主义组织转向依靠美国实现建国梦想。1946年2月，英国宣布，将巴勒斯坦问题提交联合国解决。1946年12月，魏茨曼辞去世界犹太复国主义者协会主席职务，标志着犹太复国主义运动进入新时期。1947年11月29日，联合国大会对加拿大、乌拉圭、捷克斯洛伐克、危地马拉、荷兰、秘鲁、瑞典等7国提出的方案——主张经济联合与政治分治，建立两个独立的国家——进行表决，以33票赞成、13票反对和10票弃权，通过了关于巴勒斯坦未来治理的分治决议，即著名的"181号决议"。1948年5月14日，英国宣布结束对巴勒斯坦的委任统治，最后一批英国军政官员离开巴勒斯坦。当天，本-古里安在特拉维夫博物馆宣读了《独立宣言》，正式宣告成立以色列国。以色列国也成为世界上第一个通过联合国决议建立的独立国家。

# 第三章　中东和平进程

第一节　　　　从战争走向和谈

　　从以色列建国到20世纪70年代，阿拉伯国家与以色列先后爆发了四场大规模战争。第四次战争后，阿以双方开始反思和觉醒。埃及等阿拉伯国家在屡战屡败的残酷现实面前逐渐感到，将有美国做后盾的以色列赶入地中海已不可能。以色列虽然占领了巴勒斯坦大片领土，但因与周围的阿拉伯国家长期处于敌对状态，没有丝毫的安全感。于是，采取非战争手段解决争端便成为阿以双方的必然选择。

## 一、埃以和谈揭开中东和平进程序幕

　　第四次中东战争打破了阿以之间的军事平衡，促使美苏等相关国家调整中东政策，这为推动阿以冲突的政治解决创造了条件。在美苏两个超级大国的插手下，中东出现不战不和的僵持局面，对阿以双方均产生了不利影响。以方愈益认识到，阿拉伯被占领土问题不解决，以色列将永无宁日。此外，美国从自身战略利益出发，也敦促以色列与阿拉伯国家进行和谈。在此背景下，以色列开始着手与埃及秘密接触，以实现消除西线威胁，避免两线作战的安全战略。埃及在四次中东战争中损失惨重，埃以之间无休止的消耗战，加上苏联对埃及的援助口惠而实不至，使埃及背上了沉重的经济包袱，国民经济每况愈下，人民的厌战情绪与日俱增，埃及也迫切需要缓和与以色列的关系。为此，埃及总统萨达特提出了由军事对抗转向政治对话的和平战略，并于1977年11月冒着巨大的政治风险访问了以色列，促进埃以和解。在美国的积极斡旋下，埃以双方经过艰苦的谈判，于1978年9月18日在美国签署了著名的《戴维营协议》。协议包括两个文件：《关于实现中东和平的纲要》和《关于签订一项埃及同以色列之间和平条约的纲要》。《关于实现中东和平的纲要》的主要内容有：约旦河西岸和加沙地带的巴勒斯坦人在为期五年的过渡期内实现自治，并成立自治政府；以色列继续负责上述两个地区的安全，并可在规定的地方保留军队；约旦参加中东和平问题的谈判；在五年过渡期内，由埃及、以色列、约旦同当地巴勒斯坦人代表共同讨论两地的最终归属等问题。《关于签订一项埃及同以色列之间和平条约的纲要》规定以色列将西奈半岛主权归还埃及，分阶段从西奈半岛撤军。《戴维营协议》签署后，以色列撤出了西奈半岛，埃及、以色列实现了和平，并建立了外交关系。然而，涉及巴勒斯坦自治问题的《关于实现中东和平的纲要》却未能得以实施。《戴维营协议》的签署结束了埃以之间30年的战争状态，打破了阿以全面对抗的格局，为政治解决冲突开了先河，树立了"土地换和平"的成功范例。

## ❖ 二、马德里和会使中东和平进程全面展开

20世纪80年代后，中东形势发生重大变化。阿拉伯国家先后承认以色列，为阿以冲突全面走向政治解决铺平了道路。20世纪90年代初，尤其是海湾战争后，世界形势的急剧变化为阿以争端的政治解决提供了历史性的机遇。

首先，海湾战争及苏联解体确立了美国在中东的霸主地位。美国为了在中东建立以自身为主导的新秩序，保证该地区成为西方稳定的石油供给地，下决心搬掉阿以冲突这一随时可能爆炸的"火药桶"，为此出台了"西促和谈、东遏两伊"的中东战略，大力推动中东和平进程。

其次，海湾战争后，阿拉伯国家整体力量遭到严重削弱，世界第四大军事强国伊拉克遭到重创，一蹶不振，阿拉伯国家由于在伊拉克入侵科威特的问题上产生分歧，进一步分裂。

再次，以色列依靠美国的长期支持和援助，在经济、军事等方面都对阿拉伯国家形成压倒优势，已完全具备了与阿拉伯国家谈判的资

本。另外，由于在海湾战争中受到伊拉克"飞毛腿"导弹肆无忌惮的袭击，以色列人意识到在信息战飞速发展的时代，靠扩张领土谋取战略安全已失去意义，因而也愿意与阿拉伯邻国全面和解。

1991年10月30日—11月1日，经过一系列外交努力，中东和会在西班牙首都马德里举行。和会确立了关于阿以和谈的"马德里框架"，包括三个部分：（1）开幕式。由美、苏两大国主持，以色列、巴勒斯坦、约旦、叙利亚和黎巴嫩均派代表团出席；埃及、海湾合作委员会、马格里布联盟、欧共体以及联合国等国家和组织也都派代表参加。举行开幕式的主要目的是提供一个公开论坛，让有关各方阐述各自的原则立场，为以后双边及多边谈判做准备。（2）双边谈判。以色列与巴勒斯坦、约旦、叙利亚和黎巴嫩等四方分别进行谈判，讨论解决领土与安全等涉及双边切身利益的问题。（3）多边谈判。其目的是建立地区各国相互信任和促进地区合作。参加者既有本地区国家的代表团，也有来自国际社会的代表。谈判分为五个论坛，分别涉及中东地区的水资源、环境保护、军备控制、难民和经济合作与发展等五个方面的问题。此次中东和会后，中东和平进程便在"马德里框架"下艰难地推进。

## 第二节　阿以双边谈判

20世纪90年代，以双边谈判为主线的中东和平进程大体分为四个阶段。

第一阶段（1991年11月—1993年9月），阿以双方共进行了11轮谈判。谈判分别在四个轨道上进行：（1）巴以谈判。双方围绕未来巴勒斯坦自治政府的组成及权力范围等问题进行了一系列讨价还价，后又在挪威首都奥斯陆进行了长达半年的秘密谈判，于1993年8月26日就巴勒斯坦自治问题达成原则协议。随后，双方在华盛顿就原则协议文本和有关细节进行了磋商。（2）叙以谈判。双方争论的焦点是以色列归还其占领的叙利亚戈兰高地问题。以色列宣布在安全得到保证的前提下，可在戈兰高地问题上做出让步；叙利亚表示愿在以色列明确宣布从戈兰高地全部撤军的同时，与以色列签订和平条约。但双方在以色列撤军与实现和平的先后次序、撤军范围等问题上的分歧难以弥合，因而未取得实质性进展。（3）黎以谈判。黎方要求以色列遵照联合国安理会425号决议，无条件从黎巴嫩南部撤军，并要求以色列提出具体的撤军时间表；以色列则强调双方先签订和约，要求组成联合军事委员会，负责撤军的实施和保证以色列北部安全，并提出以色列撤军与叙利亚军队从黎巴嫩撤出挂钩。（4）约以谈判。双方讨论了共同管理耶尔穆克河水资源、联合修建水电站及进行能源合作等问题，并承诺将通过谈判签订和平条约。

　　第二阶段（1993年9月—1996年5月）。（1）巴以谈判继续推进。1993年9月13日，时任以色列总理拉宾与巴勒斯坦解放组织执行委员会主席阿拉法特在华盛顿签署了《临时自治安排原则宣言》（又称《奥斯陆协议》）。协议规定，巴以关于巴勒斯坦于五年内在约旦河西岸和加沙地带实行过渡期自治的谈判分为三个步骤进行：第一，主要解决巴方在加沙和西岸城市杰里科首先实行自治的问题；第二，讨论将巴勒斯坦自治范围逐步扩大到整个约旦河西岸的问题；第三，解决巴勒斯坦自治区最终地位、耶路撒冷、犹太人定居点和巴勒斯坦难民等问题。不难看出，《奥斯陆协议》的实质是"土地换和平"，其规定的谈判议程与《戴维营协议》中有关巴勒斯坦问题的条款同出一辙。《奥斯陆协议》签署后，巴以又于1994年5月在开罗签署了《关于实施加沙-杰里科自治执行协议》（又称《开罗协议》），巴勒斯坦正式开始在加沙和杰里科实行自治。1995年9月，双方在埃及塔巴签署了《巴以第二阶段自治协议》（又称《塔巴协议》），确定了以军分阶段撤出西岸地区的时间表。根据协议，以军于同年年底撤出了西岸6个主要城市及其周围的450个村庄。（2）约以谈判步伐加快。双方于1993年9月14日签署了一项和平框架协议，规定将进一步讨论难民、水资源、教育、劳工和环境等问题。在美国的推动下，约以两国领导人于1994年7月签署了《华盛顿宣言》，宣布结束两国长达46年的交战状态。同年10月，约以正式签署和平条约，建立了外交关系。（3）叙以谈判谈而无果。从1994年2月开始，叙以谈判一直在大使级别上进行。双方围绕以色列从戈兰高地撤军的范围、时间表、撤军与实现两国关系正常化的关系、撤军后的安全安排等方面的问题进行磋商。1994年12月和1995年6月，两国总参谋长两次举行会谈。1995年年底至1996年年初，叙以在美国马里兰州再度举行谈判，双方谈判代表就安全安排等问题进行了全面、细致的探讨，但因观点产生分歧而没有任何结果。1996年2月，谈判因以色列国内发生恐怖爆炸事件而中止。（4）黎以谈判从1994年2月开始一直陷于僵局，未取得任何进展。

第三阶段（1996年5月—1999年5月）。1996年6月以色列大选后政府发生更迭，新上台的内塔尼亚胡政府对阿方采取强硬政策，使以阿之间各个轨道上的双边谈判陷入停滞。（1）1997年1月，以色列政府与巴方签署了《希伯伦协议》，以军撤出希伯伦市80%的区域。《希伯伦协议》还规定，以军自1997年3月起分三阶段撤离约旦河西岸广大农村地区，撤军工作于1998年年中完成。然而，双方就第一阶段撤军范围发生严重分歧，以方只同意撤出西岸9%的土地，与巴方的要求相去甚远。谈判一直拖到1998年10月，双方才在美国的强力干预下签署了《怀伊协议》，规定以军分三阶段撤出西岸13.1%的土地。然而，因以色列提前大选，协议的实施刚刚开始便又陷入停滞。（2）1997年1月，内塔尼亚胡试图恢复叙以谈判，但声称以方将保留戈兰高地，并坚持进行"没有先决条件"的谈判，遭叙方拒绝。叙方要求以方履行前政府交还戈兰高地的承诺，主张谈判从1996年年初中断处恢复。（3）黎以谈判毫无进展。内塔尼亚胡上台后提出了"黎巴嫩优先"的设想，即先行与黎巴嫩实现和平。为此，以色列试图让法国的维和部队取代以军进驻黎巴嫩南部安全区，但这一计划因叙利亚不予支持而落空。1998年4月，以色列内阁决定原则上接受联合国安理会425号决议，同意单方面从黎巴嫩南部撤军，同时呼吁黎方立即与以色列举行谈判。然而，叙黎两国总统于1998年4月6日在大马士革会晤后，表示将坚持在和谈中协调一致的立场，拒绝了以方的建议。

第四阶段（1999年5月—1999年年底）。1999年5月，以巴拉克为首的工党政府上台后宣称，将在15个月内与巴勒斯坦、叙利亚、黎巴嫩实现全面和平。关于以巴谈判，巴拉克承诺将落实《怀伊协议》，并宣布以军于1999年10月完成协议规定的第二阶段撤军，但坚持将第三阶段撤军与最终地位谈判合并，遭巴方拒绝。同年9月5日，双方终于达成一致，签署了《沙姆沙伊赫备忘录》。之后，以军先后两次在约旦河西岸重新部署，使巴方单独和联合控制的西岸土地达42.9%。此外，以方还开通了连接加沙地带和西岸南部希伯伦市的安全通道。

1999年11月8日，巴以正式开始最终地位谈判，先后在耶路撒冷、拉马拉、埃拉特和华盛顿等地举行了30多轮谈判。双方还在瑞典首都斯德哥尔摩开辟了秘密渠道。然而，一系列的努力并未能扭转"谈而不破"的局面。尽管时任美国中东问题特使罗斯和国务卿奥尔布赖特先后前往中东斡旋，终因双方分歧太大，且巴以谈判代表的授权有限，均无功而返。

在叙以、黎以谈判轨道上，巴拉克上台伊始便表达了与叙利亚实现和平的愿望。他呼吁叙利亚总统哈菲兹·阿萨德摒弃前嫌，并在出访美国和俄罗斯期间表示希望两国在叙以谈判中发挥作用。叙方也做出了积极的反应，表示希望尽快恢复谈判。1999年年底，美国力促叙以恢复了中断近4年的谈判。2000年3月，美国时任总统克林顿又亲赴日内瓦与叙利亚总统阿萨德会晤，争取在叙以谈判轨道上有所突破，但未能奏效。2000年6月10日，阿萨德猝死，叙以、黎以谈判陷于停滞。1999年6月，巴拉克命令以色列扶持的"南黎巴嫩军"撤出了黎巴嫩南部的杰津地区。2000年5月，以军全部撤出黎巴嫩南部地区。

20世纪90年代，阿以双边谈判在领土问题上取得的进展可谓"空前绝后"。进入21世纪后，叙以、黎以谈判陷于停滞，巴以谈判时断时续，再无实质性进展。

## 第三节　戴维营三方会谈

2000年7月，美国召集以色列和巴勒斯坦领导人，在戴维营举行三方首脑会谈。

### 一、三方会谈有着较深刻的背景

自1999年下半年以来，克林顿为离任前在外交领域有所建树，加大了对阿以问题的促和力度。在力推叙以和谈未果后，美国遂将注意力转移到巴以谈判轨道上来。克林顿1992年上台伊始，便积极介入推动巴以谈判，并于1993年9月13日在白宫前草坪上主持签署了巴以《奥斯陆协议》。然而，7年后的2000年，协议规定的谈判议程仍未完成，而克林顿在离任前完成巴以和平这一历史使命对他有特殊的意义：一是可以以此作为一大政绩为其总统生涯画上一个圆满的句号；二是可在即将举行的大选中以外交领域的一大成果为民主党添分；三是巴以局势趋于紧张，召集三方首脑会谈可避免局势失控。

巴勒斯坦方面对戴维营会谈有所期盼。按照巴以1993年签署的《奥斯陆协议》，巴勒斯坦为期5年的过渡自治应于1999年5月结束，届时成立独立的巴勒斯坦国。1999年5月，因以色列提前举行大选，巴方被迫决定推迟宣布建立巴勒斯坦国。同年9月，巴以签署的《沙姆沙伊赫备忘录》规定，双方于2000年9月达成全面和平协议。眼看期限已到，和平协议仍无着落。建立独立的巴勒斯坦国是全体巴勒斯坦人期待已久的理想，巴勒斯坦领导人阿拉法特若再不"按时"履行其建国诺言，则无法向巴勒斯坦民众做出交代。尽管如此，阿拉法特在巴勒斯坦建国问题上难以自行决断。他必须满足巴勒斯坦人"建立以东耶路撒冷为首都的巴勒斯坦国"的要求，满足流亡在外的数百万巴勒斯坦难民回归故里的要求，满足广大阿拉伯国家对东耶路撒冷伊斯兰圣地的主权要求。而所有这些都须通过与以色列的谈判才能得到解决。

在以色列方面，巴拉克是以许诺与阿拉伯国家"实现全面和平"赢得大选并上台执政的。然而他上台一年多，和平进程却进展甚微，叙以、黎以谈判停滞，《沙姆沙伊赫备忘录》规定的巴以谈判时间表一再被推迟。随着"最终期限"的临近，巴拉克政府受到来自国内左翼势力越来越大的压力，迫使他冒着政府倒台的危险前往戴维营。

## ❦ 二、三方会谈无果而终

此次戴维营谈判涉及耶路撒冷归属、边界划分、巴勒斯坦难民回归以及犹太人定居点等关系双方切身利益的重大问题，以巴都围绕这些问题划定了各自的"红线"。巴拉克前往戴维营之前公布了5条"红线"：不退回到1967年以前的边界；统一的耶路撒冷处于以色列的主权之下；约旦河以西地区不允许外国军队驻扎；约旦河西岸的大多数犹太人定居点处于以色列主权之下；以色列不对巴勒斯坦难民问题承担责任。

巴方亮出的底线是：不放弃在1967年战争中被占领的任何土地

（包括东耶路撒冷）；不承认犹太人定居点的合法性；在未来的巴勒斯坦国境内不允许有任何形式的外国军事存在；不推迟解决耶路撒冷和难民等棘手问题，不接受部分解决问题的框架协议；不接受在境外安置巴勒斯坦难民的政策。不难看出，双方在关键问题上的立场针锋相对，因而很难达成一致。

在谈判中，耶路撒冷问题成为双方矛盾的焦点。耶路撒冷问题牵动着犹太人和巴勒斯坦人的民族、宗教感情，以巴领导人在这个问题上都面临着巨大压力。就在戴维营会谈期间，利库德集团、全国宗教党和沙斯党等7个反对党威胁将就耶路撒冷问题在议会对巴拉克提出不信任案。一些犹太极端分子甚至警告巴拉克"不要重蹈萨达特和拉宾的覆辙"。作为伊斯兰教第三大圣地的耶路撒冷备受阿拉伯国家关注。戴维营会谈期间，埃及总统穆巴拉克突访约旦、沙特阿拉伯，积极筹划为耶路撒冷问题的谈判划定"红线"。约旦外交大臣哈提卜访问埃及时，也坚决主张按照联合国242号决议解决耶路撒冷问题，由阿拉伯国家对耶城行使主权。因此，巴方在耶路撒冷问题上寸步不让。

## ❖ 三、戴维营三方会谈首次在巴勒斯坦最终地位问题上取得进展，为今后的巴以谈判奠定了基础

围绕耶路撒冷、边界、巴勒斯坦难民及犹太人定居点等最为敏感和棘手的问题，巴以首次进行了认真的探讨，特别是以方做出了前所未有的让步：在难民问题上，以方同意让10万巴勒斯坦难民在"与家人团聚"的前提下返回以色列境内，并考虑对滞留当地的难民进行赔偿；在边界问题上，同意向巴方移交95%的西岸土地，并将加沙附近的部分领土让给巴方；同意与巴方"分享"东耶路撒冷主权。

此外，美国还首次提出解决耶路撒冷问题的具体方案：整个西耶路撒冷，东耶城内及城外的犹太区，包括位于耶城东面的马阿勒·阿杜明和西北的瓦特·来夫犹太人定居点完全处于以色列的主权之下；耶城城郊巴勒斯坦人居住区，包括阿布·迪斯、埃泽利亚、阿拉姆等地区，以及位于东耶路撒冷北部、老城外的巴勒斯坦居民区处于巴勒斯坦主权之下；老城内的巴勒斯坦居民区，如萨拉赫·丁区，由双方共同管理，双方将组成联合委员会讨论共同管理事宜，老城地位将在未来的讨论中决定。会谈结束时，以色列、巴勒斯坦、美国三方发表

的联合公报指出，这次会谈在内容的广度和深度上都是史无前例的。然而，此次会谈在双方立场空前接近的情况下，因在耶路撒冷等敏感问题上难以做出实质性妥协，仍以失败告终。此次会谈的失败加深了巴以双方之间的不信任，加重了双方民众对和平前景的失望，为其后爆发大规模巴以冲突埋下了伏笔。

## 第四节　中东和平"路线图"

　　中东和平"路线图"计划是美国一手策划，由美国、欧盟、俄罗斯和联合国组成的中东问题"四方机制"共同推出的和平方案，旨在停止巴以流血冲突、在巴勒斯坦分阶段建国的基础上实现巴以两个国家和平共存。但是，巴以和平进程的历史证明，任何和平方案的初衷与现实发展之间总是存在着巨大反差。"路线图"同样并非医治巴以矛盾痼疾的灵丹妙药，很难指望它能够给巴以带来永久和平。

### 一、"路线图"的由来及主要内容

　　戴维营三方首脑会谈之后，2000年9月28日，时任以色列反对党利库德集团主席沙龙强行"参观"东耶路撒冷老城圣殿山的伊斯兰圣地，引发了巴以大规模流血冲突，巴以和谈中断。2001年1月下旬和3月初，美国、以色列政府先后更迭。以色列右翼领导人沙龙上台后，拒绝履行巴拉克时期以巴双方达成的和平协议，恢复建设定居点，并坚持要求巴方采取措施制止针对犹太人的恐怖暴力活动，作为恢复和谈的前提条件。在此情况下，恐怖暴力事件有增无减。沙龙遂对巴勒斯坦自治区采取逐步升级的军事报复。巴方随之发动了自1987年大起义以来最大规模的反以浪潮，巴以冲突陷入冤冤相报的"恶性循环"。国际社会多方斡旋：阿拉伯首脑会议通过沙特阿拉伯提出的"和平方案"；2002年6月，美国总统小布什公布"中东和平新计划"，要求巴勒斯坦实行政治改革；7月，中东问题"四方机制"（美国、欧盟、俄罗斯和联合国）在纽约举行会议，讨论巴勒斯坦政治改革问题；9月，四方代表再次会晤并发表联合公报，明确要求在3年内分三个阶段解决巴勒斯坦问题；10月，美国正式向"四方机制"提交以"中东和平新计划"为核心、糅合其他方面相关内容的"路线图"计划草案，并派遣特使前往中东有关国家征求意见；12月20日，四方代表聚集华盛顿对该计划进行最后润色。但是，因以色列将要大选和美国忙于准备伊拉克战争，"路线图"计划一度被束之高阁。

"路线图"计划是一个分三阶段完成巴以谈判的和平框架：第一阶段（2002年年底—2003年5月底），巴以双方实现停火。巴以进行安全合作，打击巴勒斯坦激进组织针对以色列的恐怖活动，同时进行全面政治改革；以方则撤离2000年9月以后占领的巴勒斯坦领土，冻结定居点建设，拆除2001年3月以后建立的定居点，并采取一切必要措施使巴勒斯坦人的生活恢复正常。第二阶段（2003年6月—12月），重点是建立一个有临时边界和主权象征的巴勒斯坦国。第三阶段（2004年1月—2005年年底），两年内完成以巴最终地位谈判并达成协议，正式建立独立的巴勒斯坦国。其中，"先建国后谈判"是其不同于以往方案的"最大卖点"。

## ❖ 二、"路线图"计划难以给巴以带来和平

首先，"路线图"计划先天不足，开局不利。巴以流血冲突已长达3年，巴勒斯坦停止袭击以色列和以色列撤军是任何恢复和谈和现阶段解决问题的关键。"路线图"计划规定第一阶段巴以实现停火，巴勒斯坦打击激进势力，以军撤出冲突发生后占领的巴勒斯坦自治领土，但除巴勒斯坦必须"实施政治改革"（实质要架空阿拉法特）作为先决条件外，在如何实现停火和以色列撤军方面没有任何切实的保障。而且，"路线图"计划所规定的时间表从一开始就已严重滞后，原规定2003年5月完成第一阶段任务，而实际上到6月底才就停火和撤军勉强达成协议。从一开始，"路线图"计划的实施就举步维艰。

其次，巴以接受"路线图"计划均为权宜之计，停火和撤军协议严重脱节。巴勒斯坦虽无条件接受"路线图"计划，但其内部在"停止起义"上远未达成一致，哈马斯等激进组织并不接受巴勒斯坦自治政府的节制；以色列对"路线图"计划提出多项保留，沙龙以拯救以色列经济为由勉强说服政府内部的强硬势力。与此同时，3年暴力冲突发生在巴勒斯坦激进势力与以色列之间，而2003年6月底达成的停火与撤军协议则是由巴勒斯坦自治政府分别与巴勒斯坦激进组织、以

色列政府签署的。"路线图"计划开始实施后，正是巴勒斯坦激进分子接连不断的小规模骚扰和以色列方面坚持对巴勒斯坦武装分子的"定点清除"，一步步将"路线图"计划推向困境。

再次，美国和以色列坚持人为地孤立阿拉法特。2000年7月，以色列、巴勒斯坦、美国三方戴维营会谈失败后，以色列政府开始认为，只要阿拉法特当权，以巴不可能实现以色列设想的和平。但事实证明，阿拉法特仍然是巴勒斯坦内部唯一公认的领袖和最有影响、最具控制力的领导人。美国和以色列无视这一事实，坚持将阿拉法特抛在一边，拼命扶持没有牢固执政根基的阿巴斯，直接导致阿巴斯政府的失败。一些联合国官员以及欧洲和阿拉伯国家的一些外交官认为，"孤立阿拉法特是一个根本性的错误"。

最后，美国对和平进程的需求随着形势的发展变得越来越不强烈。伊拉克战争告一段落后，大力推动中东和平进程成为小布什政府成功进行伊拉克战争后重建的"重要策应"，试图以推动中东和平进程来缓解阿拉伯和伊斯兰世界的反美情绪。但随着时间的推移，美国在伊拉克的处境越来越尴尬，对伊拉克的政策开始在国内遭到越来越严厉的责难，小布什很难分身分心去推动同样越来越棘手的以巴和平进程。而且，2004年总统大选日益临近，美国犹太人势力在其国内政治中的影响力也日益显现，志在连任的小布什显然不愿冒失去犹太人选票的风险为推动和平进程而向以方施压。没有了美国的"热情"参与，"路线图"计划自然就成了断线的风筝。

## 第五节　安纳波利斯会议

美国当地时间2007年11月27日，举世瞩目的安纳波利斯中东国际和平会议落下帷幕。但"曲终人未散"，真正意义的巴以谈判刚刚开始。此次国际会议规模不小（40多个国家和国际组织参加），但会期却不长（会期仅1天）。

### 一、美国：着眼于中东战略调整

小布什成为美国总统后，一直对中东和平进程"若即若离"，采取超脱政策。特别是"9·11"事件后，小布什更是全神贯注于反恐战争。伊拉克战后，美国又推出对整个中东地区实施全面"民主改造"的中东新战略，将巴以问题也纳入这一轨道，其着力点不在于推动巴以和谈，而是推进巴勒斯坦的"民主改革"。然而，美国推行针对所有阿拉伯国家的民主改造战略不但未收到预期效果，反而加重了其在中东的战略困境。对美国而言，通过安纳波利斯会议，可达到以下几个目的：其一，通过重新启动停滞7年的巴以和谈，可有力地支持以阿巴斯为首的巴勒斯坦温和力量，进一步孤立哈马斯等激进势力。其二，伊拉克战后，伊拉克乱局和伊朗核危机成为美国在中东面临的两大严峻挑战。美国孤掌难鸣，亟须阿拉伯国家支持。通过推动巴以和谈，可达到拉拢阿拉伯国家、争取支持的目的。其三，长期以来，小布什政府对中东和平进程置之不管的政策招致国内外诸多批评。美国积极推动召开此次和会，既有助于修补美国的国际形象、挽回影响力，也可为其个人留下有益的政治"遗产"，同时为共和党赢得大选增加筹码。

## ❧ 二、以色列：与美国做交易

作为安纳波利斯会议的主角之一，以色列对自身的安全问题向来是极为重视的。安全问题是以色列国内自国家政府到普遍民众关注的头等大事。以色列面临的威胁主要有两个方面：一是巴勒斯坦极端势力的暴力袭扰；二是伊朗的核威胁。以色列政府意识到，若要消除面临的安全隐患仅靠单打独斗是远远不够的，而必须借助美国的力量。以色列总理奥尔默特此次积极响应美国的号召并欣然与会，主要目的之一就是要与美国做交易，即以方在巴以问题上与美国配合，做出让步，推动以巴谈判，既是对美国增加对以色列300亿美元巨额军事援助的回报，也可以借此进一步争取美国在孤立哈马斯、遏制伊朗方面与以色列通力合作。

## ❧ 三、巴勒斯坦：谋取实惠

阿巴斯领导的法塔赫政权面临内忧外患。在内部，一方面，2007年6月，哈马斯与法塔赫武装在加沙地带爆发激烈冲突并获胜后，独占加沙，与单独控制约旦河西岸的法塔赫政权分庭抗礼。而通过选举上台的哈马斯仍未失去执政党身份，法塔赫政权的合法性地位难以以法律形式确定，处境尴尬。另一方面，法塔赫内部权力斗争显现。曾担任加沙地带法塔赫安全部队指挥官的强势人物达赫兰对阿巴斯提出批评，甚至鼓动约旦河西岸和加沙地带的法塔赫成员反对阿巴斯。在外部，巴勒斯坦自治区在经济上严重依赖于以色列，动辄因遭受封锁导致经济困难雪上加霜。通过参加此次会议，法塔赫政权可在几个方面获得实惠：一是通过与以色列恢复谈判，并借助美国的影响力，消减乃至化解来自以方封锁的压力。二是对内可达到进一步孤立、削弱哈马斯政权的效果。三是在国际社会赢得支持，并获取亟须的经济援助。

然而，安纳波利斯会议并未给巴以和平进程带来转机。2008年年底至2009年年初，以色列与哈马斯在加沙开战，巴以和谈重陷僵局。

## 第六节　巴以重启和谈

进入21世纪第二个十年，在美国的大力推动下，巴以双方先后于2010年和2013年两度恢复和谈，但均以失败告终。

### 一、2010年和谈

2010年9月2日，以色列政府与巴勒斯坦民族权力机构同意在华盛顿就解决以巴之间最终地位问题重启直接谈判。巴以双方恢复直接谈判是美国积极斡旋的结果。2008年年底，以色列向加沙地带发起代号为"铸铅行动"的大规模军事行动后，巴方中断对以色列的谈判。美国时任总统奥巴马自2009年1月上台后，就将中东和平进程列为"最优先考虑的外交政策目标之一"。为了敦促巴以恢复谈判，奥巴马政府不断加大外交投入。奥巴马不仅本人亲自造访中东，还派遣国务卿希拉里·克林顿、美国中东问题特使米切尔等美国高官多次前往中东，在巴以之间积极斡旋，终于在2010年5月9日促使巴以双方同意开始为期四个月的"间接谈判"。然而，眼看"期限"已到，间接谈判仍毫无起色。而且，奥巴马政府坚持认为，间接谈判无异于隔靴搔痒，巴以双方面对面直接谈判才是达成和平协议的唯一有效方式。为此，美国"恩威并施"，在继续施压的同时，既满足以方对谈判"不设先决条件"的要求，又对巴方许以经济援助，最终促使巴以双方同意开始直接谈判。

奥巴马政府做了充分准备，以一种新的方式组织巴以双方直接谈判。一是特将谈判地点设在华盛顿，并调集各方力量参与。参与者除美国人员外，奥巴马政府还特意邀请了两个与以色列建交的阿拉伯国家——埃及和约旦的领导人出面协调；二是仿效2000年巴勒斯坦、以色列、美国三方会谈的"戴维营模式"，即约定将在双方谈不拢时，由美国出面提供折中方案；三是建议巴以领导人每两周定期举行后续谈判，并形成机制，以确保谈判的持续性。

按照美方设想，巴以双方将在一年的时间里完成全部谈判，并签署最终和平协议。然而，2010年9月26日，以色列在约旦河西岸的犹太人定居点建设项目的10个月"冻结期"到期。迫于执政联盟第二大党我们的家园以色列党的压力，为避免政府倒台，以方宣布"解冻"定居点扩建计划，这导致巴方退出直接谈判。

## ❧ 二、2013年和谈

2013年7月底，在美国国务卿克里的积极斡旋下，以巴双方恢复了中断近3年的和谈，并确定了在9个月内达成全面和平协议的目标。为了给谈判营造良好的氛围，以巴双方互做让步：以方承诺分批释放1993年《奥斯陆协议》签署前关押的巴勒斯坦囚犯；巴方则答应暂停加入联合国机构的申请活动。谈判伊始，双方就围绕各身的安全问题争执不下。以方坚持保留在约旦河谷这一战略要地的以色列驻军及相关设施，利库德集团议员还专门向内阁提交了有关吞并约旦河谷的提案。巴方坚决反对，巴勒斯坦总统阿巴斯称："在最终决议中，我们不会看到任何一个以色列人出现在我们的土地上。"此外，定居点问题也成为和谈的一大障碍。谈判期间，以色列在分批释放巴勒斯坦囚犯的同时，屡屡在约旦河西岸和东耶路撒冷等有争议地区扩建犹太人定居点，使巴方的疑虑不断加重。为表示抗议，巴方的谈判小组一度集体递交辞呈，威胁退出谈判。

2013年年底，因双方立场尖锐对立，谈判始终没有进展，在次年4月期限内无法实现预期目标。为避免半途而废，美方提出一个"框架协议"。该协议规定，未来建立的巴勒斯坦国须非军事化，并承认以色列为犹太民族国家；在1967年边界和领土交换的基础上商讨边界问题；在约旦河西岸和约旦边境建造配备传感器等安全装置的防护栏，以方可参与边界安全管控；巴勒斯坦难民问题将在巴勒斯坦国得到解决，以方同意出于人道主义接纳部分难民；1948年第一次中东战争中的巴勒斯坦难民将获得物质补偿，同时被迫离开阿拉伯国家的犹太人也获得同样待遇。

巴方对此框架协议颇有异议，坚决反对在未来巴勒斯坦国领土上保留以军军事力量，拒绝承认以色列为犹太民族国家，认为这将意味着1948年逃离家园的巴勒斯坦难民回归权被剥夺，以及以色列境内阿拉伯人权利受损害。2014年3月中旬，为安抚巴方，美国调整协议内容，如明确未来巴勒斯坦国首都将设在东耶路撒冷等。同时，为挽救濒临失败的和谈，美国国务卿克里力促双方同意延长谈判期限。然而，以巴双方分别采取的单方面行动终令美国的努力功败垂成。2014年3月底，以方未如期释放最后一批巴勒斯坦囚犯。4月2日，巴方正式提交由阿巴斯签署的加入15个国际条约和公约组织的官方申请书，以方随即决定停止释放巴勒斯坦囚犯。4月23日，阿巴斯领导的法塔赫与哈马斯达成和解协议。次日，以方发表声明，称不会与一个由哈马斯支持的巴勒斯坦政府进行谈判，决定中止和谈。至此，为期9个月的和谈无果而终。

和谈失败对巴以安全局势产生了严重的消极影响。2014年6月，3名以色列人被绑架杀害，巴以冲突逐步升级。以色列不断遭到来自加沙的火箭弹袭击，以军则加大军事报复力度，于当年7月中旬发动打击哈马斯的军事行动。持续50天的军事冲突给巴方造成大量人员伤亡和房屋毁坏。此后，巴方针对以色列犹太人的袭击不断。与此同时，以色列的外交环境也趋于恶化，在国际上陷入孤立状态。

此后，巴勒斯坦一方面拒绝与以色列直接谈判，转向单方面争取国际社会对巴勒斯坦国的承认，借此间接向以色列施压；另一方面，针对特朗普上台后奉行的一系列"祖以压巴"政策（如将美国驻以色列使馆迁至耶路撒冷，关闭巴勒斯坦驻美国办事处，削减或取消美国对巴勒斯坦的经济和财政援助等），巴方认为美国已经失去作为巴以和谈公正调解人的资格，断然拒绝美方提出的"世纪协议"。以色列则以巴勒斯坦内部分裂、无谈判对象为借口，拒绝谈判，同时采取经济封锁和军事打击等强硬手段，加强对约旦河西岸与加沙地带的安全管控。

# 第四章 政体及政局变化

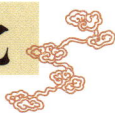

## 第一节　基本政治制度

以色列是一个议会民主制国家，实行立法、行政和司法三权分立，以保证三者相互监督和制衡。以色列没有宪法，只有12部基本法，涉及政治、经济、社会等各个方面。

### 一、以色列国家政体主要分为总统、议会、政府和司法四个部分

#### 1.总统

根据1951年议会通过的《总统法》和1964年通过的《基本法：总统》，总统是国家元首，超越党派和集团，是国家统一的象征。总统的职责主要是礼仪性的，权限是荣誉性的，如签署议会通过的法律和条约；向驻外使节授发委任状，接受外国使节递交的国书；主持议会第一次会议；责成大选中获胜的政党领袖组成政府；任命法官、银行行长和驻外使节；赦免罪犯和减轻刑罚；有权阅读政府会议报告；代表国家出访等。总统候选人由党派提名，并在议会范围内，由议员经简单多数选举产生。除第一任总统魏茨曼任期与议会任期相同外，1951年以后总统任期为五年一届，可连任两届。2007年，总统任期改为七年一届，只可任一届。2014年6月10日，由利库德集团推举的候选人、前议长鲁温·瑞夫林被议会选举为以色列第十任总统。

2. 议会

议会是以色列最高立法机构，为一院制。议员共有120名，根据单一比例代表制选举产生，每届任期为四年，也可提前解散。议会的职能是，负责立法、监督政府和礼仪。任何一个立法议案均须经议会"三读"通过，并由主管部长、总理和总统签署后才能生效，正式成为法律。议会立法后，由司法机关负责实施，但最高法院无权修改法律。

议会可对政府进行监督，其主要方式是对政府进行信任表决。大选后，新政府要得到议会的信任表决，才能开展工作。如果政府在议会中得不到信任，则必须辞职。此外，议会还有根据提名选出总统，并举行总统宣誓等礼仪的职能。由于政府由议会内占多数的党派联合组成，因而议会对政府的监督往往因党派因素而被削弱。政府的政策和提案因大多可得到联合政府各党派议员的支持，一般均能获得通过。议会设有10个常设委员会，每个委员会负责处理一项具体的事务。议会还通过举行全体会议行使职能，通常是讨论国家安全和政府财政预算等重大问题。

3. 政府

以色列政府拥有很大的行政权力，对议会负责。一般情况下，在大选后，议会中拥有最多席位的政党的主席将由总统授权组阁，期限为42天。新内阁必须得到61名以上的议员支持。组阁成功后，该党主席将出任总理，并有权任命内阁部长。总理必须是议员，部长可以是议员，也可以不是，但通常情况下，大多数部长也是议员。内阁名单一旦出炉，须提交议会进行信任投票，投票通过后即可正式成立政府。政府任期一般为四年，但任期亦可因总理辞职、死亡或议会通过不信任案等意外情况而中止。内阁部长人数一般不超过18人，不少于8人。

4. 司法

以色列拥有世俗、宗教双重司法体系。世俗法院分为三个层次，下层世俗法院由地方法院、市法院和少年地方法院组成；中层世俗法院由地区法院组成；上层世俗法院是最高法院，对各级法院拥有控制权。此外，还有一些专门法院受理军队和劳动争议等问题。法官任命通过非政治途径，由一个公众提名委员会负责选任，并向总统提名。该委员会由司法部部长、2名议员、3名最高法院法官、2名其他部长以及以色列律师协会2名代表组成。再经过总统任命和议会认可后，法官即可就任。法官为终身制，70岁退休。宗教司法体系早在以色列建国时就已存在，拥有犹太教法院、伊斯兰教法院和基督教法院以及其他宗教社团法庭。建国后，宗教司法权限得以扩大。宗教法官也享有国家官员身份，任命程序也与世俗法官一样。

以色列的司法制度强调司法的独立性和公开性。一是司法完全不受行政和党派干预。法官不得竞选议员（没有被选举权），不可担任部长，不能参加政党。二是不进行秘密审判。

## ❖ 二、独具特色的议会选举制度

根据1951年制定的《选举法》、1958年的《基本法：议会》，以色列议会选举的基本原则和程序是：选举实行"比例代表制"，年满18周岁的以色列公民都有选举权，年满21周岁的公民，除担任总统、审计长、法官等特定职位的公民外，均享有被选举权；以色列全国划为一个单一选区；除了无独立行动能力者外，所有投票人都必须自己完成投票程序；每个选民的选票都具有同等影响力；选举实行无记名投票制。

选举的主要规则是：大选前成立选举委员会，负责组织选举；每个党派提出一份议员候选人名单，名单上的人数不可超过议会席位，名单上的排序由党派自行决定；选举时，选民将选票投给政党名单而非某个候选人；选举结果公布后，由获得议席最多的第一大党主席牵头组阁，如在规定的42天内组阁失败，则总统可授权其他党派主席组阁；议会选举每四年举行一次，也可以根据实际情况提前解散议会，并重新选举；执政党必须在设有120个席位的议会中获得半数以上的议席，才有权组阁。"比例选举制"导致选票相对分散，造成党派林立，任何一个大党（主要是利库德集团和工党）都从未获得过半数以上席位而得以单独组阁，因而都不得不"以利相诱"，拉一些小党入阁共组联合政府。

以色列的政党制度规定，任何一个党派，只要获得一个基础得票率（"马哈绍姆"，希伯来语，意为进入议会的门槛），即可在议会获得一个席位。由于这个门槛很低，造成以色列党派众多，小党层出不穷。这一门槛虽后来得到提升，但仍低于一般西方国家水平。1992年以前，"马哈绍姆"为以色列总人口的1%；1992年之后提升到1.5%；2003年提升至2%；2014年提升至3.2%。党派林立使得以色列历届联合政府的组建都举步维艰，也成为政府受小党掣肘，政党不断分化组合的重要因素。

为改变这一状况，以色列于1992年通过总理直选法案，规定从1996年开始实施直选总理制度，即议会选举和总理选举同时分别进行。总理由选民直接投票选举产生，候选人获得半数以上有效选票即可当选。选举改革的初衷是提升总理的权威，加强政府的稳定性，但总理直选的缺陷很快暴露，即当选总理与议会选举后的第一大党不属于同一党派，且小党的权力不降反增。因此，在1996年、1999年和2001年举行了3次总理直选后，议会于2001年3月通过一项基本法修正案，正式取消总理直选制度，恢复议会选举制。

## 第二节　主要政党及政策主张

以色列政党的形成源于犹太复国主义运动，早期形成工人、中产阶级和宗教三大阵营。建国70多年来，以三大阵营为基础的以色列政党不断分化组合，并陆续涌现出一些新党。

### 一、利库德集团

全称为"以色列全国自由联盟"，"利库德"在希伯来语中是"统一"或"联合"之意。其前身是中产阶级阵营的犹太复国主义政党，属犹太复国主义运动的"正统派"和"修正派"，建国后发展成为民族主义政党。1965年自由党和自由运动组成加哈尔集团。1973年9月加哈尔集团、自由中心、拉姆党、人民党、国土完整运动等党联合组成利库德集团。该党的群众基础主要是15世纪以前曾生活在西班牙、后流散到地中海沿岸各国的塞法拉迪犹太人，以及来自西亚和北非地区、处于以色列社会中下层的东方犹太人。该党具有强烈的犹太复国主义色彩，是右翼势力的代表。其内外政策纲领主要内容有：保护犹太人对以色列土地的永久权利，维护国家主权，巴勒斯坦人可实行有限自治，与邻国达成真正的和平；继承和发扬犹太文化传统，推进民主政治；帮助少数民族融入以色列社会；主张实行自由市场经济，促进城镇和贫困地区的发展；在宗教问题上主张维持现状，正统犹太教学生免服兵役，婚姻等事务由犹太教拉比负责管理。

该党主席、现任以色列总理内塔尼亚胡深受犹太复国主义修正派鼻祖——雅布廷斯基思想的影响，反对以巴签署的《奥斯陆协议》，主张以“安全换和平”取代“土地换和平”，反对向巴勒斯坦人做领土让步，反对沙龙政府实施的撤离加沙的单边行动，支持在被占领土扩建定居点。他不反对巴勒斯坦建国，但强调未来的巴勒斯坦国必须“非军事化”，且边界、领空等均由以色列控制，同时要求巴方必须承认以色列国的“犹太属性”。他倡导与巴勒斯坦实现“经济和平”，即通过帮助巴方发展经济，为实现以巴和平奠定基础。

## ❧ 二、以色列工党

以色列工党（简称“工党”）的前身是1930年成立的以色列工人党，以色列建国后发展成为社会民主党。该党主要群众基础是来自欧洲的阿什肯纳兹犹太人。从以色列建国到20世纪70年代，工党一直主导以色列政坛。利库德集团崛起后，以色列进入两党轮流执政时期。进入21世纪以来，工党缺乏强有力的领导人，内部出现分裂，势衰明显。2015年，工党虽与运动党联袂参选，最终仍落败，成为最大反对党。该党内外政策纲领主要内容有：保证以色列国家安全、主权、领土与和平；促进以色列与邻国之间实现真正的、永久的和平；维护以色列的民主政治；促进国家经济繁荣，不断增加民众福利。

伊萨克·赫尔佐克于2013年11月当选为新一任工党主席。他一改前任注重社会经济问题的政策导向，将安全优先和解决巴以冲突作为政策首选。上任不久，他就与巴勒斯坦总统阿巴斯会面，承诺支持“两国方案”。2014年6月，他公开批评内塔尼亚胡总理未能与国际社会建立密切关系，未能为实现以巴和平提出建议，以及未能与美国总统奥巴马有效合作。他特别强调内塔尼亚胡对奥巴马的“厌恶和敌对”是最大的失败之一，这是拿以色列的安全去冒险。在2015年大选后，赫尔佐克成为最大的反对党——工党与运动党联合组成的犹太复国主义联盟的领袖。2017年7月，阿维·加佰当选为工党主席。2019年7月，佩雷茨当选为工党主席。

## ❀ 三、我们大家党

该党倚重的群众基础是大特拉维夫地区处于社会中下层的塞法拉迪和东方犹太人。该党自我定位为中间派政党，追求民粹主义和社会自由主义，同时具有"民族主义阵营"和"社会阵营"双重身份。该党在国家安全问题上表现偏右，在社会经济问题上的观点与左翼政党相近。该党主席摩西·卡隆原来在利库德集团时，信奉社会自由主义，被称为民族自由主义鼻祖雅布廷斯基和贝京"真正的继承人"。摩西·卡隆称我们大家党代表的是贝京的利库德集团，具有社会意识，立场温和，奉行务实的和平方针。

该党奉行经济平等主义，关注影响中产阶级的问题，也重视工薪阶层的诉求，主张减小贫富差距。住房政策方面，该党主张促进住房建设，消除官僚和基础设施障碍，新建25万套住房；主张将房产领域的所有机构都归口在一个权威部门之下进行统一管理，打破以色列土地管理局和房地产业的垄断。银行与财政方面，该党主张通过鼓励发展小型银行，以及切断银行与信用卡公司之间的联系等方式，抑制银行等金融部门获取高额利润；提高遗产税，对价值1 000万谢克尔以上资产的遗产税额度由20%增加到25%。该党主张通过实施反垄断政策，破除对天然气开采的垄断；对以色列电力集团进行改革，增强其竞争力。

该党对巴勒斯坦问题的政策较为温和。该党认为"真正的利库德集团知道如何实现和平，如何放弃领土，同时在安全问题上采取稳妥和负责任的态度"。该党认为巴勒斯坦人在国际社会采取的反以单边行动"不符合和平伙伴的身份"，但又称我们大家党支持通过外交途径解决巴以冲突。

该党主张在以色列实行世俗婚姻，包括同性恋婚姻；增加政府对非正统派犹太教派别的资助；在安息日，部分区域可允许公共交通。该党反对将以色列定性为犹太国家的法案，反对消减最高法院的权力。我们大家党的主席摩西·卡隆，是现任以色列政府财政部部长。

## ❀ 四、犹太家园党

该党是右翼宗教政党。该党领导人本内特在2015年大选后，在新政府中被任命为教育部部长。该党在巴勒斯坦问题上立场强硬。本内特坚决反对"两国方案"，反对冻结定居点建设。他于2012年2月公布了一个处理以巴问题的计划，称为"以色列稳定倡议"，主张以色列单方面吞并约旦河西岸。本内特反对建立巴勒斯坦国，称"将尽全力确保巴方永远不会建立一个国家"。他建议将加沙地带转交给埃及，将巴勒斯坦被占领土约旦河西岸一分为三，以方单方面吞并C区（以色列控区），A区（巴勒斯坦控区）和B区（巴方负责民事，以方负责安全）留给巴方，但同时须将这两个区置于以军和辛贝特的安全控制之下，以"确保抑制巴勒斯坦恐怖主义和防范哈马斯接管被占领土"。C区面积约占整个约旦河西岸的62%，约居住着36.5万犹太定居者。居住在C区的巴勒斯坦人（据本内特估计约有4.8万人，而据其他信息来源则约有15万人）须获得以色列国籍或永久居住权。

本内特认为，以色列应在A区和B区之间投资修建道路，使巴勒斯坦人无须通过检查站自由通行，同时投资兴建基础设施和联合工业园区。2011年，本内特指出在约旦河西岸工业区约50座工厂中，都有以色列人和巴勒斯坦人在一起工作，这不失为一个双方寻求实现和平的可行性途径。本内特拒绝接受生活在约旦河西岸以外的巴勒斯坦难民回归，反对将约旦河西岸与哈马斯控制的加沙地带联结起来。

## ❖ 五、我们的家园以色列党

该党是1999年成立的一个世俗的右翼民族主义政党，主要支持者是苏联犹太移民。该党在巴勒斯坦问题上持强硬立场，认为以色列籍阿拉伯人口上升威胁到以色列犹太国家的属性，主张鼓励更多犹太人移居以色列，同时敦促以色列籍阿拉伯人迁往巴勒斯坦控制区或其他阿拉伯国家。

该党主张尊重人权，在社会经济领域扶助弱势群体，支持在土地改革的基础上重新恢复发展城镇的方案。该党呼吁设立辅助科技教育体系，作为在科技方面没有受过教育的人的补充机构。该党主张在当地政府设立新移民的管理机构；进一步增加文职机构的开放性和灵活性；保证居住在国外的以色列人有选举权。该党主张政教分离和建立总统体制及国家安全委员会。此外，该党还主张经济私有化，打击腐败，重视犹太文化教育。

## 六、沙斯党

沙斯党的全称为"塞法拉迪希伯来圣经保卫者联盟",是目前以色列政坛最大的宗教党,成立于1984年,由原"以色列正教党"中分离出来的塞法拉迪党员组成。该党主要目标是维护本党及选民在宗教、社会及经济方面的利益,对巴勒斯坦问题立场较温和、灵活。其党纲主要内容有:主张继承正统犹太教的传统价值观,在全社会扩大宗教法律的实施范围;支持加大税收促进经济发展,经营大众福利项目;支持定居点建设,但不反对与巴勒斯坦人签订和平协议。现任沙斯党主席是阿里耶·德里,其担任现政府内政部部长兼内盖夫和加利利地区发展部部长。

## 七、未来党

该党对巴以冲突的立场较温和,主张恢复巴以谈判。未来党的宣传平台也打出"两个民族、两个国家"的纲领,但同时主张保留被占领土大型定居点群,以确保以色列的安全。该党主席拉皮德声称:"我们不指望与巴勒斯坦人结成美满的婚姻,但可以接受一纸离婚协议。"他还称,作为未来和平协议不可或缺的内容,巴勒斯坦人必须承诺在约旦河西岸的大型定居点将留在以色列国境内。他认为,只有让巴勒斯坦人建立自己的国家,使犹太人与阿拉伯人分开生活在两个国家,才能结束巴以冲突,同时耶路撒冷应在以色列的统治之下保持统一。

## 第三节　政局发展演变

以1977年为界线,以色列政局发展大体分为之前的工党执政时期,以及之后的工党与利库德集团轮流执政时期。1992年,工党在大选中获胜,组成相对稳定的联合政府,并在时任总理拉宾的领导下,分别与巴勒斯坦解放组织和约旦签署和平协议。尽管遭遇拉宾遇刺的不测事件,此届政府仍坚持到1996年大选期限。之后,以色列政坛进入政权频繁交替的"动荡期"。

## ❀ 一、内塔尼亚胡首次当政

1996年5月31日，利库德集团领导人内塔尼亚胡以0.9%的微弱优势战胜了73岁的政坛"元老"、工党领袖佩雷斯，成为以色列历史上最年轻的，也是第一次通过全民投票直接选举产生的总理。内塔尼亚胡当选的主要原因是：第一，以色列选民对自身安全普遍充满忧虑。和平进程的迅速推进和"土地换和平"原则的具体实施，在以色列国内遇到强大阻力，拉宾遇刺就是例证。1996年2月底至3月初，以色列境内连续发生恐怖袭击事件，"安全"遂成为大选中超越"和平"的主题。许多以色列人提出"宁要没有和平的安全，不要没有安全的和平"。内塔尼亚胡迎合民意，及时打出了强有力的竞选口号"缔结有安全保障的和平"，争取到了较多中间选民的支持。第二，个人因素起了重要的作用。内塔尼亚胡年富力强、能言善辩，是利库德集团内著名的"强硬派"，被其支持者誉为"以色列的克林顿"；而"稍显老迈"的佩雷斯则一直未能改变其在国人心目中的"软弱"形象。他被认为是"最好的外交部部长"或"第二把手"，但作为挑大梁的掌舵人却有些欠缺。第三，佩雷斯失去以色列籍阿拉伯人的关键选票。以色列籍阿拉伯人一向是工党的基本支持者。1996年4月，佩雷斯迫于竞选压力，大规模轰炸黎巴嫩并造成大量平民伤亡，大大激怒了以色列籍阿拉伯人。工党竞选负责人埃利泽尔承认，以色列籍阿拉伯人弃权使佩雷斯失去关键的3万张选票。

1996年6月，内塔尼亚胡组建新政府。此届政府由三个党派组成：利库德三党联盟（利库德集团、佐梅特党、桥党，共32席）、宗教党派（全国宗教党、希伯来圣经犹太教联盟、沙斯党，共23席）和中间党派（第三条道路党、以色列兴旺及移民运动党，共11席）。这三个党派形成支撑政府的"三根支柱"，在总共120个席位的以色列议会中占66席。由于各党派之间矛盾错综复杂，加上对国内外的政策主张不一，故此届以色列政府危机时有显现。

一是三党联盟内部矛盾凸显。大选前，利库德集团与佐梅特党和桥党组成松散联盟。右翼联合政府成立后，由于三党联盟内部固有的矛盾并未解决，争权夺利的斗争日益突出。主要表现为，外交部部长利维与内塔尼亚胡素存芥蒂，时有龃龉。利维原系利库德集团成员，曾因与内氏不和而退党并成立了桥党，后又为了赢得大选加入三党联盟，但为此失去了竞选总理的机会，因而一直耿耿于怀。1997年，利维曾两度以辞职相要挟。1998年1月4日，利维宣布，由于内氏未能对其修改1998年度财政预算案的要求做出答复，以及现政府在推进中东和平进程方面毫无作为，决定辞职并率桥党退出政府。此举使联合政府在议会中只剩61席，执政地位岌岌可危。

二是利库德集团发生内讧。1997年6月，时任财政部部长梅里多尔因与内氏产生政策分歧而辞职，并开始联合时任耶路撒冷市市长奥尔默特、特拉维夫市市长米罗、通信部部长利夫纳特等利库德集团的"中坚分子"倒阁，计划同工党的"少壮派"拉蒙一起成立一个中间党派取代利库德集团。据称，在内氏出访期间，该计划一度险些得以实现。同时，利库德集团内部围绕取消该党预选制度的斗争加剧。1997年11月中旬，利库德集团中央委员会决定取消该党的预选制，遭到多数利库德集团议员的反对。

三是联合政府内部在巴以和谈问题上，"强硬派"与"温和派"针锋相对。围绕从约旦河西岸进一步撤军问题，以色列政府内部分为两派：以沙龙为代表的"强硬派"，以充分保障国家安全为由，主张沿1967年停火线以东设宽度为15~20千米的安全区，同时沿约旦河谷另设一个20千米宽的安全区；以国防部部长莫迪凯和外交部前部长利维为代表的"温和派"，从确保战略安全的角度出发，主张在约旦河西岸保持的这两个安全区的宽度应分别缩小到3~6千米和7~10千米。莫迪凯甚至扬言若3个月内不能完成从西岸的第二阶段撤军工作，他将辞职。1999年1月，因矛盾激化，以色列议会通过解散议会并提前大选的议案。

## ❖ 二、巴拉克政权外强中干

1999年5月17日，以色列举行第十五届议会选举和第二次总理直选。工党领袖巴拉克以55.9%：43.9%的得票率战胜内塔尼亚胡，当选为新一届总理。在竞选过程中，巴拉克凭借其军人背景，极力渲染对以色列做出领土让步后安全问题的关注，彰显强硬立场，赢得了选民的普遍青睐，支持率一直处于领先地位。他还采取灵活务实的竞选策略。第一，力图使工党摆脱单纯的"左倾"特征，极力扩大竞选联盟，与桥党和宗教复国运动党（梅马党）共同组建了以工党为主体的"一个以色列"三党联盟。第二，抓住内塔尼亚胡政府在社会经济方面政绩不佳的弱点大做文章，争取东方犹太人的支持。第三，聘请曾为美国总统克林顿、英国首相布莱尔、南非总统曼德拉竞选出谋划策的格林伯格等人为其出谋划策。竞选措施得当为胜选奠定了基础。1999年7月6日，议会通过了巴拉克提交的联合政府内阁成员名单及施政纲领，新一届政府正式成立，由"一个以色列"联盟（26席）、梅雷兹党（10席）、以色列兴旺及移民运动党（6席）、中间党（6席）以及三个宗教党（共27席）组成，在议会120席中占75席，中左翼势力占主导地位，且得到多数在野党支持，执政基础较为稳固。

然而，此届政府内部矛盾难以调和，为提前大选埋下隐患。一是巴拉克"论功行赏"引起非议。为了"奖赏"大选中的"有功之臣"，巴拉克试图让当议员仅3年的沙洛姆·西姆霍担任议长，遭到多数工党成员的拒绝。工党中央委员会通过秘密投票，最终推举曾与巴拉克关系龃龉的亚伯拉罕·伯格担任议长，给了巴拉克当头一棒。此外，巴拉克作风武断也引起一些工党成员的不满。他们批评巴拉克的作风不像是总理，而更像个军队指挥官，对同事缺乏尊重。二是宗教与世俗力量的矛盾难以调和。极端正统的宗教党沙斯党（议会中占17席）与代表世俗力量的梅雷兹党在宗教等内政问题上格格不入，两党的摩擦与冲突在所难免。三是新政府内部在巴以和谈问题上的分歧仍未解决。全国宗教党在巴以和谈问题上态度强硬，坚决反对向巴勒斯坦人做领土让步，特别是在犹太人定居点等问题上拒不妥协，屡屡为政府推动巴以和谈制造障碍。

## 三、沙龙执政期一波三折

2001年2月6日，以色列提前举行总理直选。73岁的利库德集团主席阿里埃勒·沙龙以绝对优势（62.6%：37.4%）战胜巴拉克，出任联合政府总理。2003年1月28日，以色列举行第十六届议会选举（正式取消总理直选）。沙龙领导的利库德集团以绝对优势（38席）战胜工党（19席）。同年2月28日，沙龙经谈判与全国宗教党、变革党和民族联盟党组成新政府。此次大选结果显示，以色列政坛格局出现重大变化。首先，以利库德集团为首的右翼阵营大获全胜，在议会（120

席）中所占席位高达69个。利库德集团继1999年议会大选惨败（仅得19席）后东山再起，跃居第一大党。其次，以工党为首的左翼仅获36席，势力大减。再次，中间色彩较浓的变革党异军突起，独得15席（上届仅为6席），成为仅次于工党的第三大党。最后，宗教党派议席明显减少，由上届议会的27席减至22席。总体来看，以色列政坛右翼力量大幅上升，左翼势力遭受重创；世俗政党力量加强，宗教党力量遭到削弱。

利库德集团获胜的原因是多方面的：

第一，以色列选民情绪普遍右倾。2000年7月在戴维营举行的以、巴、美三方首脑会谈无果而终，同年9月底以巴爆发大规模流血冲突，多数以色列人对和平进程极度失望。巴勒斯坦激进组织不断发起恐怖袭击，加剧了以色列人的不安全感。在"安全高于和平"的心态下，以色列民众对沙龙及利库德集团的支持率居高不下。

第二，沙龙在以色列人眼中功大于过。选民普遍认为，以巴局势恶化的根本原因是缺少一个具有和平诚意的巴勒斯坦和平伙伴，不能归咎于沙龙。而沙龙奉行的孤立阿拉法特、严打巴勒斯坦激进组织的政策基本上顺应了民心，其在巩固以美关系方面的政绩也赢得了国民的认可。

第三，以工党为首的左翼举措失当。一方面，工党的竞选口号不合时宜。工党主席米兹纳主张以军单方面撤出加沙，但并未明确要求巴方提供安全回报，增加了选民的疑虑。另一方面，工党对利库德集团和沙龙之子受贿案刻意诋毁，过于暴露出政治目的，引起选民反感。另外，左翼阵营分裂、力量削弱，也是败选的重要原因之一。

沙龙政府总体保持了相对稳定。其一，利库德集团一党独大（占议会1/3的席位）的地位，使其在应付小党"要挟"方面具有较大的回旋余地。其二，变革党在巴勒斯坦问题上与沙龙政策基本一致，可为沙龙执行既定政策提供有力支持。其三，政府中两个右翼政党无一能单独倒阁，即使联手"发难"，沙龙还可争取工党支持。其四，因为排除了经常借政府制定预算案之机"有所企图"的沙斯党，沙龙可以不必因担心预算案在议会受阻而影响其重大外交决策。

2005年，沙龙强行实施从加沙撤出的单边行动，导致利库德集团内部分裂。他决定另立山头，组建了前进党。之后，沙龙突发脑中风，由奥尔默特出任前进党主席和代总理，以色列政坛进入新一轮动荡期。

## ❖ 四、奥尔默特顺利当选

2006年3月29日，以色列大选结果显示，前进党赢得28个议席（议会共120席）；工党20席，位居第二；宗教党沙斯党获得13席，跃居第三大党；我们的家园以色列党居第四，得12席；利库德集团遭受重创，仅得11席。此次选举结果表明，以色列政治格局发生重大变化。前进党获得议会第一大党地位，打破了长期主导以色列政坛的工党和利库德集团两党轮流主政的传统格局。

这是一次典型的没有悬念的选举。前进党之所以大获全胜，一是沙龙为前进党赚得人气。沙龙采取的修建隔离墙以及对巴勒斯坦激进组织领导人实施定点清除等措施，使以色列人的安全状况得到很大程度的改善。其实施单方面撤出加沙和部分约旦河西岸犹太人定居点，得到大多数以色列人的认可。二是竞选策略得当。首先，奥尔默特高举沙龙的旗帜，打出"与巴勒斯坦人实现隔离，划定以巴永久边界"的竞选口号，赢得多数选民的支持。其次，在大选前夕，奥尔默特果断采取抓捕刺杀前任以色列内阁部长兹维凶手的军事行动，极大地改善了其"软弱"形象。三是以色列境内安全局势得到有效控制。大选前，以军加强了警戒，并及时破获了数起有预谋的暴力袭击活动，从而避免了1996年选举前，因连续发生恐怖爆炸导致选民"转向"的悲剧重演。

经过1个月的组阁谈判，奥尔默特建立了由前进党、工党、沙斯党和退休者联盟组成的联合政府。新内阁成员共25名。表面来看，新一届政府较为稳定。然而，因其所占议席刚刚超过半数，且政府中各联盟伙伴的政治、经济诉求有所不同，执政基础并不牢固。首先，部分工党议员拒绝对政府预算案投赞成票，给联合政府罩上了一层阴影。其次，沙斯党在宗教事务方面"要价"甚高，增加了政府的财政预算，影响新经济政策的落实。再次，在以巴问题上联合政府面临来自左翼在野党提出不信任案的压力。

## ✿ 五、内塔尼亚胡再度出山与连选连任

### （一）再度出山

2009年2月，以色列提前举行议会选举，以利库德集团为首的右翼阵营重掌朝政。根据2月10日议会选举结果，前进党虽为第一大党，但中左翼阵营在120个议席中只占55席，不到半数。右翼阵营则拥有65席，明显占据优势。经过多方权衡及与各党派磋商，并经右翼各党派领导人的联名要求，时任总统佩雷斯于2月20日决定授权内塔尼亚胡组建联合政府。在拉拢前进党、工党入盟的要求遭拒后，内塔尼亚胡建立右翼政党为主的联合政府。

此次选举后，以色列政治生态呈现出"右倾"的明显特点：

一是右翼政党在议会占有的席位超过半数，具有明显的组阁优势。根据以色列中央选举委员会2009年2月18日的最终统计结果，此次选举共有12个党派进入议会，右翼政党在议会中共占65席，其中利库德集团27席，我们的家园以色列党15席，沙斯党11席，希伯来圣经犹太教联盟5席，民族联盟党4席，犹太家园党3席。

二是极右翼的我们的家园以色列党异军突起，独得15个议席，一跃成为议会第三大党，成为组阁不可或缺的"权重股"。该党主席利伯曼被称为"国王制造者"。

三是中左翼阵营遭受重挫。中左翼政党在议会中占55席，其中前进党28席，工党13席，梅雷兹党3席，另外3个阿拉伯小党共获得11席。前进党勉强成为第一大党，但所获议席实际上却少于上届的29议席。该党后来增加的选票主要来源于其他左翼政党。一些左翼选民为了阻止利库德集团上台、防止极右的我们的家园以色列党得势，才将原本投给工党的票转投给前进党。这种选票的"内部流动"不可能从根本上扭转中左翼阵营的颓势，中左翼政党无力组阁。

### （二）连选连任

2013年1月22日，以色列第十九届议会选举结束。以利库德集团-我们的家园以色列党联盟为第一大党的右翼阵营获胜。同年2月2日，以色列总统佩雷斯授权内塔尼亚胡组建新一届联合政府。

此次大选结果表明，以色列的政治天平仍向右倾斜。经过34个政

党激烈角逐，右翼政党获得更多选票，占据议会（共120个席位）的多数席位，以内塔尼亚胡为首的利库德集团-我们的家园以色列党联盟获31席，成为议会第一大党，加上犹太家园党（12席）、沙斯党（11席）、希伯来圣经犹太教联盟（7席），共占61席。其中，宗教民族主义政党犹太家园党异军突起，由上届选举仅获3席跃升为12席，得票仅次于工党，为右翼政党获胜奠定了基础。

中左翼阵营获得59个议席，虽然表面上看与右翼力量对比难分伯仲，但因党派内部分裂、力量分散，导致总体式微。工党虽以15席位居议会第三大党，但孤掌难鸣，仍无力组建足以抗衡利库德集团的左翼联盟。在2009年议会选举中，前进党曾斩获28席，超过利库德集团（27席）成为最大在野党，但近年来一路下滑。2012年年初，该党前领导人利夫尼另行组党，成立运动党，使前进党元气大伤。出人意料的是，中间派世俗政党未来党赢得19席，跃居第二大党，使左翼阵营在议会中所占席位大大高于预期。

此届选举与往年不同的一个特点是，一向被视为"竞选中心议题"的巴勒斯坦问题被"边缘化"，经济和社会问题成为众多选民最关心的问题，折射出民众普遍对国内经济状况的不满，主要体现在两个方面：一是2012年以色列政府财政赤字高达105亿美元，几乎超过原财政预算的一倍，导致入不敷出。前总理奥尔默特指责政府浪费了近30亿美元用于军事打击伊朗的准备工作，而这一行动永远不会发生。二是在2009—2012年，内塔尼亚胡政府曾制订的"建造更多的经济适用房""降低房价"计划全然无效，房价平均涨幅高达48%，在2011年引发十万民众示威抗议。

同时，选举结果也反映出以色列民众对安全环境恶化的担忧。2012年11月中旬"加沙之战"后，民意调查显示，40%的以色列人认为，巴以冲突不会结束，只有29%的人认为在以巴达成最终地位协议后会结束。埃及穆斯林兄弟会的上台令以色列人深感不安。53%的以色列犹太人认为，埃及新政府的对以政策与他们想象的一样糟糕。随着叙利亚内战蔓延，42%的以色列犹太人认为，如果叙利亚反对派夺权，对以色列的威胁会比巴沙尔继续掌权更大。对于伊朗核问题，51%的以色列犹太人认为，即使伊方没有研制核武器，也不能允许其生产用于发电的低浓度核燃料。可见，民众对以色列安全环境总体持悲观态度，希望有一个强有力的领导人带给他们渴望的安全。正如路透社报道，内塔尼亚胡会取得胜利是因为他传递了一个简单的信息：他是个强硬的人，他领导的以色列会是一个强大的国家。

（三）再度胜选

2015年3月17日，以色列第二十届议会选举拉开序幕。执政的利库德集团大幅领先中左翼犹太复国主义联盟，最终获胜。利库德集团主席内塔尼亚胡获组阁权并成功连任。

内塔尼亚胡胜选是主客观因素综合作用的结果。首先，内塔尼亚胡高超的政治谋略使然。2014年12月，在联合政府摇摇欲坠之际，内塔尼亚胡凭借高达77%的支持率，果断解散议会并提前大选。进入选举期后，内塔尼亚胡面对不利局面，调整竞选策略：一是频繁在媒体露面，公开阐述观点；二是亲自前往耶路撒冷菜市场等地体察民情，彰显"亲民"姿态；三是抛出"阴谋论"，指责犹太复国主义联盟收取外国资金、策划阴谋；四是在最后关头临危不乱，以左翼用大巴车拉阿拉伯裔选民前往投票站等警告方式，加力向右翼选民催票。其次，内塔尼亚胡继续打"安全牌"，对巴勒斯坦问题立场更趋强硬，执意赴美国国会发表针对伊朗核问题的演讲，显示捍卫国家安全的决心，给右翼选民吃下"定心丸"。再次，右翼选民的"基本盘"较为稳定。利库德集团和宗教政党多年形成的群众基础较为稳固。相形之下，左翼政党的选票向中间党派流失，整体势衰，无力与右翼抗衡。

此届议会由三大阵营组成：右翼阵营（包括世俗政党利库德集团、我们的家园以色列党、犹太家园党，宗教极端正统派沙斯党和希伯来圣经犹太教联盟），共57席；左翼阵营（犹太复国主义联盟、阿拉伯联合名单、梅雷兹党），共42席；中间党派（未来党、我们大家党），占21席。新政府于2015年5月成立，由利库德集团（30席）、犹太家园党（8席）、沙斯党（7席）、希伯来圣经犹太教联盟（6席）和我们大家党（10席）组成，共61席。2016年5月，内塔尼亚胡拉拢极右的我们的家园以色列党（6席）入盟，巩固了其执政基础。

# 第五章 经济发展的特点及问题

以色列地处地中海东岸，是一个面积只有1.52万多平方千米的小国，沙漠面积约占其国土面积的一半。然而，以色列建国后，在自然、安全环境均十分恶劣的条件下，创造了举世罕见的经济奇迹，发展成为中东地区首屈一指的发达国家，成为世界上最有活力的经济体之一，被誉为"中东的小龙"。

## 第一节 独具特色的经济模式

建国70多年来，以色列经济得到了长足发展。总体来看，以色列的经济模式呈现出以下特点。

第一，以出口导向为基础的外向型经济。以色列是面积、人口、资源"三少"的小国，国内市场规模极为有限，自然资源十分匮乏。因此，历届以色列政府均重视对外经贸合作，视之为促进经济增长的重要途径。20世纪50年代，以色列政府采取一系列措施推动经济转型，鼓励出口，主要有：大幅度贬值货币，增强产品出口的竞争力；采取名义保护、实际保护、信贷和纳税奖励以及实际补贴等措施；对出口商品实行全面减税；放宽对外贸易的限额。以上措施的实施产生了明显成效，1956—1961年，以色列的出口总额增长了179%，出口产品总值在国民生产总值中所占比例由9%增长到12%。

20世纪70年代后，以色列的重化工业发展很快，出口产品结构发生重大改变，食品、果蔬、轻纺产品等传统出口产品逐渐被军工、化工和电子电信等新产品取代，标志着以色列的出口进入以高科技、高附加值产品为主导的新阶段。1985—1989年，高科技产品的出口额以年均20%的速度增长。到了20世纪90年代中期，以色列高科技产品出口已占其工业品出口总额的50%。

第二，以高科技为"龙头"推动经济增长。在许多领域，以色列的高科技研究和开发均属国际一流水平。如通信设备、电脑图像设备等性能极佳；医疗设备（假肢、人工器官和癌症诊断仪器等）水平在国际上首屈一指；农业方面，改良土壤、温室果蔬研发以及滴灌等节水技术处于世界领先地位；能源开发技术独树一帜，以色列太阳能设备普及率居世界第一。此外，以色列在航空、航天技术的研发上也成果显著，是世界上为数不多有能力自行研发人造卫星的国家之一。

高科技产业的迅猛发展，得益于以色列政府高度重视人才的培养和任用。以色列每万人中从事研究开发的科学家和工程师为135人，高于美国、日本、英国和德国等发达国家（平均77人）。高科技人才济济，主要源于以色列政府注重教育和移民开发。犹太人一向有重视教育的传统，以色列建国后，政府一直重视教育，特别是高等教育的发展，培养了大批人才，为科技队伍的不断壮大奠定了基础。

第三，移民对经济起到潜移默化的推动作用。以色列是个典型的移民国家，移民与经济发展的关系十分密切。首先，移民与国家产业政策紧密相关。以色列建国初期，之所以将发展农业作为立国之本，兴建大批农业定居点，鼓励垦荒种地，就是为了吸引犹太移民，巩固犹太民族国家的基础。而来自欧洲的犹太移民多具备传统的钻石加工工艺技术，这为以色列独树一帜的钻石加工业发展打下坚实的基础。其次，移民是经济建设人才和资金的重要来源。移民中不乏受过良好教育的科技工作者，他们得到以色列政府的高度重视并被任用，成为推动以色列高科技发展的又一动力源。同时，移民带来的个人资本成为外资的重要组成部分，如1950—1967年，由移民带入的个人资本高达8.85亿美元。再次，移民成为刺激经济发展的积极因素。新移民的到来产生大量住房需求，成为推动建筑业、房地产等产业以及基础设施建设的强大动力。如1956—1964年，以色列政府投资8.62亿美元，极大地促进了住房和交通的发展。

第四，兼容并包的经济体制。从历史上看，由于轮流执政的两大政党——工党和利库德集团经济纲领迥异，对经济发展造成直接影响。在1977年前的工党主政时期，以色列经济结构以公有制为主导，国家控制经济资源和国营企业，并进行了大规模公共投资，同时运用税收、利率、贷款、补贴等手段调节经济运行。1977年，利库德集团上台执政，实施新经济政策，主要是实行货币统一兑换、外汇管理自由化，取消进口补贴，出售国营企业，鼓励私有化，以色列经济开始由半公有制向自由市场经济转型。到20世纪80年代末，公有经济比重降至50%左右。随着向后犹太复国主义时代的演变，两大政党的经济政策出现趋同倾向，工党也同意逐步实行国营企业的私有化。

## 第二节　创新产业的发展

2010年5月，以色列正式被经济合作与发展组织（OECD，常被称为"富人俱乐部"）吸纳为正式成员。仅有约850万人口的以色列，拥有4 000多家在诸多尖端技术领域处于国际领先地位的高科技企业，有"高科技大国"之称。高科技产品出口不仅是以色列的经济支柱，更成为其外交的重要砝码。以色列一直在电子、电信、电脑和软件开发、航天、医学、生物技术和农业等领域的国际竞争中"领跑"，并向世界市场提供许多颇具竞争力的高、精、尖新产品。在医学方面，以色列制造的先进的CT扫描仪、核医学摄像仪、外科激光仪等尖端医疗设备行销世界各地。在农业领域，以色列不仅具有集约化的生产体系、处于世界领先地位的节水灌溉和海水淡化技术等高科技，而且还拥有国际上最先进的育种技术。其每年出口的长颈玫瑰、小枝麝香石竹、甜瓜、猕猴桃、草莓、鳄梨、西红柿、黄瓜以及胡椒等农产品，寒冬季节在欧美市场反季销售，极为走俏。此外，以色列在光纤、印刷电路板、电子光学检查系统、热成像夜视系统、光电机器制造、无人驾驶飞机制造等方面均居世界领先地位。更令世界叹为观止的是以色列人超强的创新、创业意识和能力。作为面积、人口和资源"三少"的小国，以色列人励精图治，以科技兴国取得举世瞩目的成就，成为世界新兴高科技企业密度最高的国家之一。2008年，以色列的人均创业投资额是美国的2.5倍，欧洲的30倍，中国的80

倍，印度的 350 倍。以色列在纳斯达克上市的企业数量仅次于美国，名列全球第二，超过全欧洲上市企业数量的总和。如今的以色列，已成为举世公认的"创业之国"。

以色列经济奇迹的背后推手是科技创新。为了走出一条依靠科技进步、智力资源开发促进经济发展之路，以色列政府制定了完善的"科技兴国"战略。其主要特点是：促进研发"多管齐下"；大力培养高科技人才；多渠道筹集经费；力促研发成果的转化。以色列政府高度重视教育，教育经费在政府财政预算中的比重仅次于防务开支所占比重。在增加高等教育机构数量的同时，为了更好地适应高技术产业发展的需要，以色列政府对大学设置也进行了调整，增设技术工程领域的科系。国内受正规教育 13 年以上的人口占其总人口的 34%。从事研发的科学家和工程师数量与人口之比较世界其他各国高出 2~3 倍。以色列重视科教和人力资源开发使其拥有大批优秀的人才，成为支撑其经济蓬勃发展的不竭动力。作为移民国家，以色列视移民中的科技人员为"天赐良才"。在这方面，以色列科学技术部和移民部发挥了重要作用，其采取的主要措施有：实行移民研究赠款计划，由科学技术部的"基础研究促进和发起基金会"为新移民科技人员的研究项目提供资助；为移民科技人员提供奖学金攻读博士学位；免费帮助新移民科技人员寻找工作；利用新移民科技人员加强偏远地区专业技术学校的师资力量。此外，科技部和移民部还联合开发了"决策系统国际项目"（DSI），拨款数百万美元，为移民科技人员进行语言、技术培训，鼓励其从事航空和军用声呐、电脑软件、飞行模拟器和信号处理仪器研发。

高技术工业"孵化点"是以色列工业贸易部为吸收新移民科技人员采取的创新之举。它是非营利性的独立实体，通常设在科学工业园区或大学校园，以其科技力量和设备为依托，归政府部门或学术机构所有，由当地工商界和研究机构代表组成的公共委员会管理。每个"孵化点"一般须接纳 10~20 个研发项目，每个项目应吸收 5 名新移民科技人员。"孵化点"的经营管理费用和绝大部分项目费用均由以色列工贸部负担。"孵化点"还负责为入选项目提供行政管理和技术援助，进行项目可行性研究和物品采购，招聘研发人员，组织研发班子，以及帮助寻找合伙人和投资者，协助制订项目经营管理计划和产品营销计划，提供基础设施和商务指导等。项目享受"孵化点"资助时间一般为 2 年，在取得商业性成功后，须按年销售额 2% 的比例逐步偿还政府资助。

以色列政府各部设立的"首席科学家办公室"在提供政府研发资金方面起着重要作用。"首席科学家办公室"不仅是政府研发资金的重要发放渠道，而且根据其所确定的资助标准，政府可以确保研发资金更好地发挥其促进经济发展的作用。以工贸部的"首席科学家办公室"为例，在对研发项目提供资助时，规定项目必须具有技术创新性，研发单位应具有公司管理、生产和营销能力以及新产品的营销战略，所研发出的产品应具有较高的附加值且在国际市场具有竞争力，并有利于引进新技术和科技人才。有时为确保重要研发项目成功，"首席科学家办公室"还规定项目须由企业和研究机构组成的联合开发小组共同完成。"首席科学家办公室"对研发项目的资助金额一般是其成本的 50%，对某些具有特殊竞争力的项目，资助金额可达项目费用的66%。此外，"首席科学家办公室"还与大学合作建立"联合基金"，专门为项目启动最初 2~3 年提供资助。受资助的项目一旦成功商品化，则每年须按销售额 2%的比例逐渐偿还资助。

建立科学工业园区是以色列政府为促进研发成果转化采取的主要措施。科学工业园区一般建在大学附近，得到政府在贷款、补贴和税收等方面的支持，具有完备的安全设施、公共交通、银行、商店、幼儿园、医疗机构、娱乐中心等基础设施。进入科学工业园区的企业可利用大学实验设备进行研发活动，同时也为大学教学、科研提供实践和创收机会。大学除提供人才和设备外，有时还与企业组成合资公司共同研发，也负责对申请进入园区企业的技术水平和成功率进行评估，并对承建和维修园区内建筑和设备的承包商的工作质量进行监督。进入园区的企业一旦研发成功，就可以利用科研成果在园区内就地投产。当生产规模达到一定程度时，便可移至工业区继续发展。这样，科学工业园区实际上就成为高技术产业的"孵化器"和"摇篮"。

以色列的科技创新，除政府政策、制度的保障外，更为重要的是犹太人独特的文化孕育了其独树一帜的创新文化和企业家精神。正如以色列著名作家阿莫斯·奥兹所言，犹太文化从开始存在的那一刻起，就是一种善辩的、充满争论的文化。与中国文化的"求同存异"

不同，怀疑和争辩的犹太文化的突出特征是"求异"，但其中包含着坚持、挑战权威，以及面对风险和失败时的毫不畏惧、一往无前的精神，正是这种"求异"文化意识，孕育了以色列人不迷信、不盲从、敢于标新立异的创新意识。以色列总统西蒙·佩雷斯曾说"循规蹈矩是滑向沉沦世界的一种倒退行为"，这正是这种意识的体现。可以说，犹太人永不满足的心态，对科技创新来说绝对是一件好事。

在资深的投资行业人士看来，比起现在的硅谷，以色列科技创新总有全新的观念：他们不回收旧观念，也从不"新瓶装陈酒"。即使全球经济低迷，他们的创新速度也从未减缓。有超过半数的世界顶级科技公司在以色列收购科技研发中心和科技创新企业。单是思科一家公司就收购了 9 家以色列的科技公司。2006 年 5 月，沃伦·巴菲特打破不投资外国公司的惯例，斥资 45 亿美元收购了总部位于以色列的伊斯卡金属切削集团（IMC）80% 的股权。正如有人所言，美国是企业家最心仪的创业地，但是美国之后，以色列就是最棒的。

## 第三节　面临的主要问题

以色列取得了举世瞩目的经济成就的同时，也面临不少问题，这些问题对其经济发展产生了负面影响。

### 一、从客观上讲，以色列国土面积小，自然资源少，经济发展先天不足

以色列与阿拉伯国家长期处于对立状态，无法融入地区经济合作，造成了其经济严重对外依赖。

一是对美国经济的依赖性较强。1976—2004 年，以色列一直是年度接受美国援助最多的国家，在美国对中东地区援助排行榜中名列榜首（只有 2005 年被伊拉克取代）。自 20 世纪 80 年代中期起，美国每年向以色列提供约 30 亿美元的援助，其中经济援助 12 亿美元，军事援助 18 亿美元，并一直保持到 20 世纪 90 年代后半期，大大超过给埃及等阿拉伯盟友的援助。美国对以色列的援助不仅数额巨大，而且赠款比例高，美国帮助以色列改善国际收支状况、维持外汇储备、保持一定

的经济增长速度和就业水平，并在巴以局势动荡不定的情况下增加外国资本对以色列经济的信心。

美国是以色列全球第二大贸易伙伴（以单个国家算则超过欧盟），以色列对美国的贸易长期保持在其对外贸易总额的20%~30%。在美国对外贸易排名中，以色列一直列在二十名左右。以美两国于1985年签署的自由贸易协定，不仅为以色列企业的生存和发展带来更多的机会，而且对提升以色列经济的整体竞争能力大有裨益，为以色列经济在20世纪80年代后期和整个90年代保持较高增长率提供了重要保障。21世纪以来，尽管美国对以色列的经济援助有所下降，但两国的经贸合作仍是以色列经济发展的重要基石。自20世纪70年代以来，为促进两国在科技研发领域的互利合作，两国科学基金（BSF）、两国工业研究与开发研究基金（BIRD）、两国农业研究与开发基金（BARD）等合作研发机构相继成立。20世纪80年代末和90年代，得益于上述机构基金资助的项目及取得的科技成果，以色列成功进行了产业结构调整，推动了高科技产业的发展，为科技兴国奠定了基础。不夸张地说，美国是以色列经济振兴与发展的重要依托。有经济学家对以美经济关系做过形象比喻：如果美国经济"伤风感冒"，以色列经济就患上"肺炎"。

二是军费开支巨大，成为沉重的经济负担。1948年建国以来，在不到40年时间里，以色列与阿拉伯国家打了五次大规模战争。战争期间，以色列每年军费开支约占国内生产总值的1/3。尽管以色列先后与埃及、约旦签署和平协议，实现了关系正常化，并与巴勒斯坦方面进行了和谈，但仍一直与大多数阿拉伯国家处于敌对状态。特别是在仍面临来自伊斯兰极端势力的恐怖袭击、大规模杀伤性武器等非传统安全威胁下，以色列仍不得不维持高额军费开支。2015年，以色列军费开支约占政府财政预算的23%。

值得注意的是，国防预算反映的只是部分直接的军事开支，而间接开支并未纳入其中。官方统计未包含的开支主要表现为兵役制度对劳动生产率的影响。因以色列实行全民义务兵役制，所有男性公民须服役三年，女性公民须服役两年，且退役后须转入长期预备役，每年还要中断工作，参加一个月左右的军事训练，成为"每年休假11个月的士兵"。这样，国家正常的生产活动常常不可避免地受到干扰，无形中提高了生产成本。同时，预备役和军事部门的养老开支，包括工资在内的各种待遇全部由国民保险协会负担，并不列入国防预算。据估计，这些开支占其国内生产总值的1%~2%。伤残军人的医疗费、阵亡将士的抚恤金约占其国内生产总值的1%，也不计在国防预算内。另外，为防范火箭弹袭击，以色列政府大力发展民防工程，每年都要拨出很大一笔经费营建符合军事标准的防空设施，并对老旧建筑进行改造，这笔开支也不列在国防开支内。另外，与安全相关的土地征用都免交地租，这笔费用也不计在国防开支内。

## 二、从主观来看，以色列经济体制重点在于政府对经济的高度干预和控制

在建国后相当长时期，公有制经济体制对经济发展起到了积极作用。然而，随着经济、社会环境的发展变化，这一体制的负面效应愈来愈明显。

首先，公有经济导致行业垄断现象较为严重，使企业和部门之间缺乏竞争，催生官僚作风，造成人浮于事、办事拖沓、效率低下等问题。企业严重依赖政府扶持和保护，"等、靠、要"的积习难改，导致竞争力严重缺失，自身发展受到抑制。在资金方面，政府为企业提供贴息贷款、赠款和认购股票；在原材料和设备供应领域，政府提供关税减免；在市场拓展方面，政府提供高关税保护，对国内企业产品优先采购；在盈利方面，政府提供税收减免，并采取成本加利润的采购定价方式。在国营企业遭受亏损甚至面临破产时，政府出面给予补贴和挽救。一些企业在政府支持下，得以在国内市场实行垄断经营，这不利于营造公平竞争的市场环境。此外，部分企业高级管理人员是仅凭政治背景便得到政府部门任命的，其管理水平较差，也是导致企业效益受损的重要原因之一。

其次，政府经济政策存在弊端和失误。一是财政预算问题。财政预算一向是以色列政坛争论的焦点之一。联合政府中的各党派往往出于党派和部门利益考虑，围绕财政年度预算案你争我夺，使财政预算政策的制定多受制于政治权利斗争和党派及部门的压力，导致财政预算分配缺乏统筹兼顾和长远规划，引发社会经济问题。例如，与蓬勃发展的高科技产业相比，以色列的基础设施建设相对滞后。主要原因

是，与国际水平相比，交通运输、港口和机场、水力、电力和通信等基础设施建设投入过低。2015年财政预算分配中，用于基础设施建设的金额仅占总金额的6%，与占40%的社会服务开支和占23%的国防和公共安全开支形成强烈反差。

二是房价居高不下。自2012年年末以来，以色列房价每年上涨7%~10%。究其原因，固然有随着人口增长、移民增多造成的房屋需求缺口增大，以及外商片面投资拉升房价的因素，但最重要的原因是，房屋建设手续申请流程冗长烦琐，从提交房屋施工方案，到土地管理局下属的规划委员会审批，再到房屋完工，耗时甚至可长达12年之久。

三是经济发展不平衡、收入不均和贫富差距引发社会矛盾。以色列高科技产业迅猛发展，产生了巨大的经济效益，同时也产生了地区经济发展不平衡、行业间工资收入不均等"后遗症"。例如，在以特拉维夫、海法等大城市为代表的"中心"地区，经济繁荣、科技发达，社会服务较为完善，贫困率较低。而南部内盖夫沙漠等"边缘"地区，其经济状况则与"中心"地区差距较大，科技、社会服务较为落后。另外，不同行业的工资收入差异明显。科技、通信、金融、保险等行业工资很高，与服务等行业的收入形成巨大反差。上述差异造成贫困和贫富悬殊现象日益严重。以2014年为例，以色列平均贫困率达29.1%，其中最为贫困的两个群体分别是以籍阿拉伯人（贫困率为57.2%）和极端正统派犹太人（贫困率高达66.7%）。另据统计，以色列最高与最低收入约相差8倍，占总人口约10%的富人控制着约一半的社会财富。

以色列政府为解决上述经济问题，近年来大力推行经济自由化政策，主要内容包括：采取措施力求削弱和打破国内行业垄断；加大对国营企业私有化力度，计划出售98个国营公司的股份；逐步削减政府各部委和国防开支。

# 第六章　国家安全战略及体系

第一节 先发制人的军事战略

在以色列，安全总是居于压倒一切的位置。正如以色列开国总理本–古里安所说："我无法不通过'安全眼镜'看待一切。任何事情只要是安全的，就有一切；但若是不安全的，就一无所有。"综观历次中东战争，除"赎罪日"战争外，以色列总体奉行先发制人、御敌于国门之外的军事战略。针对伊朗核问题，这一战略得到充分体现。

长期以来，以色列正是通过"安全眼镜"密切关注着伊朗。2008年6月，以色列出动100多架战机举行了历时3天的大规模军事演习；同年7月，又公开展示了最先进的预警飞机，并接连派高官前往美国游说，劝美国为其对伊朗动武开"绿灯"。以色列早有摧毁伊朗核设施之意图并制订了相关计划，早已具备远程打击伊朗核设施的军事能力。然而，这一战略意图的付诸实施也面临不少障碍。

## 一、攻打伊朗准备充分

以色列视伊朗核技术的发展为"心腹之患"，多年来一直在密切跟踪伊朗核动向，同时为武力摧毁伊朗核设施而在舆论、军事和外交等方面做积极准备。舆论上，以色列频频向外界透露对伊朗动武的意向。军事上，以色列空军不断举行实战演练，模拟攻击伊朗核设施。外交上，以色列大力分化、拉拢伊朗的传统盟友，以图进一步孤立伊朗。

## ❖ 二、攻打伊朗理由充分

以色列企图摧毁伊朗核设施并非一时"心血来潮"，而是受长期积淀的不安全感所驱使。以方做出对伊朗动武的姿态，主要基于对伊朗核威胁认识的深化，有政治、外交、军事等方面的深层次考虑。

## ❖ 三、攻打伊朗障碍重重

以色列虽然有打击伊朗核设施的强烈意愿、具备远程打击伊朗的攻击能力和防范伊朗袭击的严密防御体系，但若要真正动手攻击伊朗仍面临不少障碍。总体来看，国际社会普遍反战，欧盟各国、俄罗斯、中国等国家以及阿拉伯世界乃至广大伊斯兰国家均明确反对以武力解决伊朗核问题，这对以色列攻击伊朗具有一定的牵制作用。从以色列自身看，对其攻击伊朗形成制约的主要因素还有以下几个方面。

首先，是美国的态度。以色列是一个在战火中诞生的小国，1948年建国之初，安全环境险恶，外交孤立，军事力量孱弱，经济基础薄弱，时刻面临"夭折"的危险。70多年来，主要得益于美国在军事、政治、经济等方面的大力支持和援助，以色列才得以由弱变强，成为中东地区的"超级小国"。由此，倚重美国自然成为以色列对外政策的基点。在没有美国相助的情况下，以色列在对伊朗动武问题上还将"三思而后行"。

其次，伊朗对核设施防护严密，对其进行外部袭击的难度非常大。伊朗吸取了朝鲜和伊拉克两国在核设施管理方面的经验教训，对核设施采取了严密的防护措施。

再次，打击伊朗核设施可能引发报复性攻击等一系列严重后果，这让以色列颇为忌惮。以色列一旦对伊朗动武，势必招致伊朗军事上的报复。

最后，如果以色列空袭伊朗，不排除伊朗的一些地区盟友——伊斯兰激进组织对以色列展开报复性袭击的可能性。以色列还有一个顾虑，就是即使突袭成功并将伊朗的核发展进程推迟数年，也还有可能产生负面效应：一是会使伊朗核问题由一个全球性问题转化为以色列、伊朗两国对抗问题，并导致一些国家尤其是反以的伊斯兰国家更加支持伊朗；二是为伊朗尚且处于非法状态的核计划提供国际合法性。若此，伊朗将得以名正言顺地开发核武器，并很可能引发中东地区"核竞赛"，使以色列更加难以摆脱"核威胁"的阴影。

## 第二节　酝酿变化的核战略

长期以来，以色列奉行"核模糊"政策，既不承认也不否认其拥有核武器。但进入21世纪后，随着国际核不扩散形势的发展和中东地区安全局势的变化，以色列的"核模糊"政策日益受到质疑并在国内外面临多方面的压力，加上以色列自身的安全需求，以色列官方和民间都越来越多地公开讨论以色列的核能力及核计划。2010年10月，以色列政府破例允许媒体参观并拍摄已秘密使用近50年的"苏里卡谷核中心"。此举显示，以色列出现公开其核选择的意向。以色列的"核秘密"一旦公开，将对国际核不扩散机制及中东地区安全产生重要影响。

### ❀ 一、以色列社会属于民主社会，但以色列政府长期以来一直禁止公开谈论国家的核计划

以色列原子能委员会是国家最神秘的机构之一，其财政预算和设施都秘而不宣。该机构领导人的名字也是若干年前才解密。以色列为保守其核秘密，实行严格的军事审查制度，所有公开发表的有关国家安全和国防问题的文章或演播稿必须经过事先审查，由将军担任的审查员有权禁止涉及核秘密的文稿发表。

进入21世纪后，随着地区安全形势变化，特别是伊朗核问题凸显，以色列政府逐渐放松了核问题上的禁忌，不时地通过官方和媒体等途径，有意无意地"泄露"其核秘密，表现出公开核选择的倾向。除以色列自身的"泄密"言行外，外国媒体也频繁爆料以色列的核秘密，为以色列核选择的公开化推波助澜。既然以色列拥有核武器早已为众周知，那么其核选择的公开化只不过是捅破了一层"窗户纸"。

## ❖ 二、以色列之所以出现核选择公开化之倾向，既有国内动因，也与其受到的外部压力不无关联

从国内方面看，近年来，以色列国内有识之士经过对"核模糊"政策的相关评估，指出了其弊端及负面影响，对其延续的可行性提出质疑，并呼吁进行调整。

以色列早在20世纪50年代中期就开始搞核研发。为严防迪莫纳基地核武器发展情况的泄露，以色列政府采取了极为严密的安保措施，在其周围部署了大量军警，并将这一地带的上空都列为禁区。自此，以色列政府开始奉行"核模糊"政策，并将其作为一种威慑手段。然而，随着时间的推移以及国际和地区安全形势的变化，以色列的"核模糊"政策无法收到预期效果，而且在国内引起质疑。有国际问题专家特别援引了两个案例：1973年，以色列未能慑止阿拉伯国家对以色列发动"赎罪日"战争；1990—1991年海湾危机和第一次海湾战争期间，以色列的报复警告也没有能够阻止伊拉克对以色列发射39枚短程地对地"飞毛腿"导弹进行袭击。"核模糊"政策的调整与核力量的公开化由此提上议程。可见，以色列核选择公开化意向是新形势下"核模糊"政策演变的必然产物，尤其是震慑伊朗的需求使然。

以色列的安全战略建立在三个支柱之上，即核威慑、战略预警和战略决策。其中，核威慑可谓战略基石，被视为维护生存的"最后手段"。它向敌方传达这样一个信息，即一旦遭到攻击，以色列不仅有足够的能力保卫自己免受损失，而且将发动足以使对方蒙受重大损失的核攻击。以色列经过多年研发，已建立起进攻与防御两套核武器体系，形成了核力量的"矛"与"盾"，为实现"拒止型威慑"打下了坚实的基础。

另外，以色列核选择的公开化也基于其和平利用核能之需求。作为一个能源紧缺的小国，以色列对核电的需求不言而喻。2010年3月9日，以色列国家基础设施部部长乌齐·兰多在巴黎出席国际民用核能大会时表示，以色列正在考虑发展核能，希望以此减轻对其他能源的依赖；以方希望与阿拉伯邻国合作，共同建造核电站，并将遵循严格的安全标准。由于生产核电的燃料成本低、污染轻、碳排放量极小，发展核电已成为世界各国减少碳排放的重要手段。在以《不扩散核武

器条约》（NPT）为核心的国际核不扩散机制中，和平利用核能与核裁军、防扩散共同构成三大支柱。为了加强与核有关的军民两用品及相关技术的出口管制，以防止核武器扩散，"核供应国集团"（NSG）原则规定，拒绝向非NPT缔约国出口核技术。因此，以色列如果执意拒绝公开其核选择，就无法加入NPT，也就难以名正言顺地进入国际核交易市场，从而不利于其和平利用核能。

从国际方面看，"核模糊"政策使以色列面临越来越大的压力。首先是美国的态度发生微妙变化。20世纪60年代初期，美国在核领域的政策主要是反对核扩散，以色列的核计划就成为考验美国核不扩散政策的"试验田"，当时肯尼迪政府就此向以色列施加了较大压力，强硬地坚持要求以方允许美国科学家到迪莫纳基地进行核查。1968年NPT供开放签署时，美国约翰逊政府要求以色列公开其核计划并加入NPT。后来随着冷战加剧，出于与苏联对抗的战略需要，以色列在美国全球及地区战略中的地位上升。由此，美国尼克松政府与以色列梅厄政府私下达成默契，即以色列严格保守其核秘密且不进行核试验、不使用已有的核能力牟取外交利益，也不挑战NPT，而美国则对以色列拥核采取"不管、不问、不说"的政策。然而，随着国际核不扩散形势变化、中东地区军备竞赛加剧，特别是伊朗核问题不断升温，美国对以色列核问题的态度也开始悄然发生变化。一是美国有意为以色列拥有核武器"放风"。2006年12月5日，时任美国国防部部长盖茨在出席美国国会参议院军事委员会听证会时说："伊朗可能希望开发核武器，因为它被一些拥有核武器的国家包围，东有巴基斯坦、北有俄罗斯……西有以色列。"据称，这是美国高官首次暗示以色列是一个核国家。二是随着奥巴马政府"无核世界"倡议的提出，美国对以色列"核模糊"政策的袒护遇到了巨大压力。为此，奥巴马曾表示要促使以色列签署NPT，以促使美国在参与伊朗核问题的多边谈判时掌握主动权，进而更名正言顺地要求伊朗放弃核计划。

其次是国际组织对以色列的压力日增。目前，以色列是少数未签约NPT的国家之一，也是中东地区唯一的非缔约国。在过去相当长的一段时间里，由于美国的袒护，以色列拒绝承认拥有核武器的态度在国际上屡屡免受追究。然而，随着中东地区形势的变化及美国中东政策的调整，以色列的核问题越来越受到国际社会的关注。同时，越来越多的国家对以色列的核能力表示担忧。

## ❧ 三、随着国际及地区核不扩散形势的变化，加上以色列自身的安全战略需要，以色列公开其核选择的可能性上升

有学者指出，当以色列的邻国（如伊朗）获得核武器之后，为了形成明确的威慑，以色列有可能放弃长期以来的"核模糊"政策，实行与其他国家一样清晰的核政策。这一事态的发展将可能会产生正反两方面的影响。对以色列而言，会在一定程度上增强其在中东地区的核威慑力，但更主要的是将对国际核不扩散机制和中东地区安全产生负面影响。

首先，以色列核选择的公开化将使国际核不扩散形势复杂化，不确定性增加。一方面，以色列实行核公开化，将对NPT形成一定的冲击，损害其权威性。多年来，以色列恪守"核模糊"的立场，尽管事实上对国际核不扩散机制构成了"模糊性挑战"，但至少在表面上给足了NPT和IAEA"面子"，没有添"麻烦"。因此，以色列核选择的公开化等于向全世界公开表明以色列的核政策调整只是基于自身对国内外局势的判断，完全无视NPT的协调、管制与约束，从而对NPT形成直接挑战，进一步损害国际核不扩散机制的权威。另一方面，依照核不扩散机制的相关原则以及美国的国内法律，美国有义务对明确实施了核武器化的国家进行各种制裁。1998年印度和巴基斯坦进行核试验后，美国就对两国实施了制裁。然而在"9·11"事件后，美国放弃了对印度的制裁，甚至，于2006年3月与印度签署了民用核能合作协议。美国为此还不惜修改国内法，同时促请IAEA其他成员国修改相关章程，最终于2008年8月促使IAEA同意与印度签订核安全保障协议，并于同年9月成功劝说NSG同意解除对印度实施了34年的核禁运。若以色列步印度之后尘，而美国又对其采取像对印度一样的做法，则将是对国际核不扩散机制的又一次严重损害。

其次，以色列核选择的公开化将进一步加剧中东核竞赛，恶化地区安全形势。以色列抛弃"核模糊"政策，将自己的核计划摆到桌面上，在一定程度上是想表达接受国际社会监督的意愿，显示和平诚意，增进与邻近国家间的信任感。然而，若以色列仅仅实行公开核能力的政策，却仍然拒绝加入NPT，则很难达到与阿拉伯国家增信释疑

的效果。相反，由于以色列核选择的公开化，等于证实以色列是中东地区唯一拥有核设施与核武器而且没有签署NPT的国家，这不但将使阿拉伯国家的中东"无核区"设想更加难以实现，而且将加重埃及等拥有民用核设施的阿拉伯国家的不安全感，强化其获取核武器的动机。

再次，以色列核选择的公开化客观上对美国的"无核世界"倡议形成挑战。美国在此过程中对以色列的政策和行动又将接受国际舆论的新一波关注。以色列核选择的公开化主要是为了加大对伊朗的核威慑，迫使伊朗停止核研发进程。然而，伊朗搞核研发是其"重温波斯帝国旧梦"的战略选择。以色列核选择的公开化，不但对伊朗的威慑效果有限，而且可能会更加刺激伊朗获取核武器的决心和紧迫感，并使之更有借口拒绝接受严格的核查。若此，无疑将加大伊核问题和平解决的难度。

总之，以色列是游离于国际核不扩散机制外的一个特例，它的核政策调整及其影响值得关注。但无论如何，从长远看，核威慑作为以色列安全战略的基石将长期保持。换言之，只要以色列的安全环境没有根本改善，即阿以仍处于非和平状态，或伊朗继续奉行敌视以色列的政策，以色列就不可能放弃其核力量。

## 第三节　严密高效的危机管理机制

因长期处于战争和冲突状态，以色列逐步建立起一整套较为成熟和行之有效的危机管理机制。其特征主要体现在，以与紧急状态相关的法令、法规为依据，以危机管理决策部门（总理、安全内阁）为核心，以国家安全委员会为国家安全事务最高决策机构，情报系统、军方（国防部、总参谋部及下属机构）等参谋和执行部门既分工负责又相互协作，发挥整体作用的综合性组织体系。以色列的危机管理机制既与国家政治体制一脉相承，又根据实际需要自成体系。其独特之处在于，在危机状态下，政府往往打破以色列政体立法、行政和司法三权分立和相互制衡，以及政治生活中民主协商、投票表决等惯例，以相关的紧急状态法规为准绳，以政府为危机管理的核心，在短时间内迅速做出应对决策。与此同时，它根据以色列以恐怖事件为主要特征的危机频发的国情，汲取了以色列国防军在长期战争状态下积累起来的丰富经验，具有较强的全民性准军事化管理的特点，体现出高度的统一协调性与极强的应急性。

## 一、决策系统

决策系统是危机管理的核心，主要职能是就如何应付危机做出决策。其基本结构是中枢指挥系统，由总理、安全内阁、国家安全委员会及国防部组成。总理作为政府首脑和军队最高统帅，对危机具有最高处理权，在危机管理中有权处理所有相关的内政、外交和国防等方面的事务。在危机状态下，总理的主要职责是组织召开安全内阁紧急会议，通过协商尽快制定应急对策，并下达执行命令。安全内阁由总理、国防部部长、外交部部长等组成。每逢重大危机事件发生，安全内阁均在总理主持下召开紧急会议，讨论通过应急策略。由安全内阁做出的决定具有最高权威性，必须得到坚决执行。国家安全委员会是处理国家安全事务的最高决策机构，成立于1995年3月，隶属总理办公室，由安全内阁成员、总参谋长、总理顾问及情报机构首脑——以色列情报与特殊使命局（简称"摩萨德"）局长等组成。该委员会的职能是为总理和内阁提供国家安全事务咨询，协调并监督国家安全政策的执行，制订国家安全发展计划以及就安全事务进行国际合作与交流等。其在危机管理中的主要作用是：负责汇总国家安全信息，对可能发生的危机做出评估和预测。在危机状态下，国家安全委员会负责协调并监督与国家安全事务有关的部委进行统一行动，并执行总理的命令。

## 二、参谋与咨询系统

参谋与咨询系统主要包括情报系统和以"整体安全系统组织"为代表的咨询机构两部分，其主要职责是：为危机决策机构提供与危机有关的情报信息，以及如何应对危机的具体方案。

### （一）情报系统由总理直接掌管

情报系统在危机管理中的主要作用是：在危机发生前提供预警，在危机发生后及时上报有关情报。其所属部门包括摩萨德。其主要负责以色列境外的各种秘密活动，以及对重要的情报评估。其下属的特别行动处专门从事暗杀、破坏、绑架和劫持及抢救人质等特别行动；情报搜集处负责监督对外情报行动，对情报人员上报的情报进行汇总和分析。

以色列国防军总参谋部军事情报部（也称"阿穆恩"）在危机管理中的主要作用是：负责搜集阿拉伯国家的军事情报，着重分析和研究发生阿以军事冲突的可能性，并在此基础上，向总理和内阁提供具有战略深度的情报。

国内安全总局（简称"辛贝特"）主要负责国内安全和反间谍工作。前者包括对在敏感部门任职的人员进行安全检查，确定国家重要设施、机构及党政要员的保安原则，承担对总统、总理及国防部部长等重要领导人的警卫工作；后者包括搜集有关外国情报机构及其活动的情报，调查国外势力（特别是阿拉伯国家）策划的各种针对以色列的破坏活动。

外交部政策计划与研究中心成立于1975年1月，主要任务是对"公开情报"（以色列驻外使馆提供的政治外交情报，各国报纸杂志上的文章等）进行综合分析、研究和评估，并在此基础上为政府决策者撰写情报分析报告。此外，该中心还负责从政治角度分析摩萨德和军情局搜集的有关情报。

以色列的情报系统设有由总理直接领导的"情报机构首脑委员会"（希伯来语简称"瓦拉希"），负责协调和监督各情报部门的工作，对已掌握的情报做出评估，以及对危机做出预测等。该委员会由摩萨德局长担任主席，负责主持每周一次的局长会议，行使协调各局工作和规定任务的职能，并向总理和国防部部长汇报整个情报系统的工作情况。该委员会制定的任何政策方针须经议会外交与安全委员会批准方可实施。

（二）整体安全系统组织（ISSG）

整体安全系统组织隶属于国防部管辖的以色列军事工业有限公司，其组织成员既包括具有丰富实战经验的原以军后方指挥官，也包括拥有不同学科背景的专业人员。这些专业人员包括系统分析学、气象学、地震学、预测学、应急药物学、公众意识学、信息传递学、工程学等领域的专家，以及一批专职的减灾方面的专家。ISSG 的职能是：为在全国各地区范围内有效地应对紧急状态和进行危机管理活动提供咨询服务。

## 三、支援和保障系统

该系统主要包括：警察总局、国家安全机构、国防军的预备役、民防和地区防御系统，以及医疗、消防、交通、社会保障等社会相关部门。

警察总局。以色列警察总局隶属于内政部，人数约 1.5 万，主要负责处理国内治安问题，包括维持社会秩序、打击犯罪、协助政府贯彻执行有关治安方面的法律法规、指导公民采取预防性安全措施、保护居民安全等。

国内安全总局。其下属的行动支援处负责协助警方等有关行动部门对危险目标进行跟踪、侦查和检查，监督机场安检业务，以及新闻检查和监视工作等。其技术发展处的人员负责在机场、码头、公共汽车总站、火车站、重要公共场所和重要政府机构等场所安装遥测、检测、监控和警报系统，对危机的预警、防范及控制发挥了重要作用。

预备役。1959 年，以色列通过兵役法，规定凡年满 18 岁的以色列公民必须服义务兵役。男子服役期为三年，女子为二十一个月。服完义务兵役者一般转入指定的预备役部队，继续服预备役。男性在 51 岁前每年服役 39 天，单身女性服役到 24 岁。在非常时期，服预备役的时间可增加到 60 天或 60 天以上。预备役的动员有一套完整的程序。第一步是集中，即由电台、电视台等媒体反复播放预备役部队的番号，向预备役人员发出紧急动员的号令。应征后的预备役人员有权利用一切交通工具到本部队所在的动员区（全国分为 14 个动员区）的集结点集中。第二步是武装，即在设有军事应急仓库（其中存放着预备役部队的单兵和集团武器装备）的各集结点对预备役人员进行全面武装。第三步是开赴前线，武装后的预备役人员乘坐被紧急征用的交通工具（如公共汽车等）开赴指定的作战地区。通过平时严格的训练、反复的演习和全国上下的协调与合作，以色列的战争动员速度达到了相当高的水平。如 1973 年 10 月第四次中东战争爆发后，预备役部队从接到动员令到投入战斗，仅用了 20 个小时。预备役动员在危机状态下发挥了重要作用。2002年3月27日，以色列北部城市纳塔亚发生恶性爆炸案。以色列政府随即决定对巴勒斯坦自治区采取大规模军事报复行动。为了弥补兵力的不足，以色列议会外交与国防委员会于2002年4月7日经投票表决，决定授权以色列国防军紧急征召3.1万名预备役人员，同常规部队进入巴控区，执行打击巴勒斯坦激进势力的"防卫墙"军事行动。

民防和地区防御系统。民防和地区防御是以色列国防体制的组成部分。民防司令部是总参谋部下辖的一个机构；地区防御组织则接受军区司令部的领导。民防是以色列实现全民防御计划中的一部分，参加民防勤务是以色列公民的义务。在以色列，全国大约有15万人组成的民防队。它不是作战部队，主要任务是在紧急状态下保护居民生命财产的安全，如帮助疏散居民、维持秩序、进行救护以及保卫一些重要设施等。民防队以少数现役军人为骨干，负责组织、训练、演习、补给以及民防设施的维护等。民防的主要目标是防空，包括敌机空袭和导弹袭击。

## ❀ 四、信息管理系统

该系统主要由教育部门、新闻媒体及政府有关部门中相应的责任单位构成。该系统在危机管理中的主要作用是：发挥教育的特殊功能，提高全民危机意识。学者们在大学课堂里讲授诸如政治学意义上的恐怖主义范畴和特性等方面的课程，这样的课程向社会各界人士开放。学校还开设有关在恐怖事件发生后的救护常识的课程，如包扎、人工呼吸等急救知识等，并当堂做示范演习。学校中的反恐专家也经常应邀到各部门介绍反恐方面的知识。媒体宣传注意趋利避害。一方面，媒体时常组织有关恐怖主义属性和现象的专题介绍和讨论。广播、电视和报刊等也广泛组织社会人士对恐怖定义以及恐怖活动与一般军事行动、游击战、犯罪行为的区别等理论问题进行探讨，提高广大公民对这些问题的认识。每当恐怖事件发生后，政府和社会组织及团体除通过媒体向群众报道事实真相外，还呼吁大家保持镇静。媒体还以恐怖活动伤害无辜平民的事实对恐怖活动的残酷性和野蛮性进行揭露和曝光，孤立一小撮恐怖分子，增强人们反恐怖主义的信心。当恐怖分子改变策略及活动方式时，媒体往往及时提醒人们加强提防和戒备。另一方面，对媒体的负面作用严格控制。比如，巴以冲突过程中，以色列政府严厉禁止播放恐怖分子提供的录像，并对各大媒体的报道及记者采访采取严格限制措施。2000年9月以巴大规模流血冲突后，以色列外交部向美国有线电视新闻网（CNN）发出一份抗议书，指责其报道中"给以方的时间明显少于巴方"。随后，以色列政府新闻办公室迅速在耶路撒冷市中心成立了一个新闻中心，以联合办公的形式，一天24小时、一周7天开放，每天邀请政府和军方官员举行新闻发布会，并将来自总理办公室、外交部、国防军、警察总局等方面的所有信息及时通过电子邮件发布给所有登记在案的外国记者。以色列政府十分注重对民众进行反恐宣传。以色列警方在全国范围内推行防爆教育，比如在广播中和电视上进行公开宣传，提醒民众注意可疑物品。在公共汽车、火车站和购物中心等公共场所，甚至邮政包裹上都张贴了"小心周围可疑物"的标志。通过以上措施，使以色列人养成了对可疑物品的高度警觉以及随时随地打电话报警的习惯。广泛的宣传教育活动，收到了动员群众、群策群力地进行反恐斗争的效果，使反恐深入人心，成为以色列全民的事业。

## 第四节　　精干内行的情报机构

　　以色列国虽然很小，其情报安全系统却"五脏俱全"，而且其工作开展得有声有色。由于这支精干队伍在中东战争和拓展以色列生存空间方面建立过巨大功勋，因此被视为与美国、俄罗斯和英国情报部门齐名的世界情报四强之一。以色列的情报安全部门主要由情报与特殊使命局、军事情报局、国内安全总局、外交部情报研究司、科学联络局、警察情报局（SB特别勤务局）等部门组成。

　　情报与特殊使命局是以色列最重要、最著名和最有效率的情报机关，并以"摩萨德"之名闻名于世。摩萨德主管对外情报和各种特别行动。奠定其重要性的基石并非规模，而是它的工作性质、范围，特别是其辉煌的业绩。摩萨德成立于1951年，其前身是英国委任统治时期的犹太人军事组织"哈加纳"的"情报服务队"。

　　以色列是一个特殊的国家：一是在战火中诞生，并伴随着战火成长；二是弹丸小国，无战略纵深且四面受敌，安全危机感与生俱来；三是作为移民国家，没有传统的束缚。以上特点决定了以色列人做事往往不拘一格，出奇制胜。从某种程度上讲，以摩萨德为代表的以色列情报机构是以色列社会的一面镜子，在为以色列社会服务的同时，也从中获取力量和灵感。以色列特殊的国情迫使其将情报工作放在极其重要的位置。

如果说百变神通、出奇制胜是摩萨德成功的诀窍，那么实施这一诀窍的法宝就是培养优秀的特工人员。决策程序简单、效率高是摩萨德行动屡屡成功的又一秘诀。

"9·11"事件后，随着美国反恐战争的展开，特别是中东地区反恐形势的急剧变化，以色列面临的恐怖威胁也日趋复杂，巴勒斯坦极端组织的恐怖袭击范围扩大化、手段多样化及不确定性增加，令摩萨德面临越来越严峻的挑战，"一体化"和"多功能化"成为该机构发展的新方向。2003年9月，摩萨德局长达甘向时任总理沙龙递交了一份改革计划，自此，这个闻名世界的情报机构悄然展开了一场脱胎换骨的大改革。改革后的摩萨德放弃绝大部分间谍职能，将大部分情报搜集工作转交军事情报局，改组为一支全球化的特种部队。其主要职能是：在全世界范围内开展特别行动，包括消灭对以色列和西方国家构成威胁的恐怖组织和个人、抓捕恐怖分子头目以及摧毁其拥有的大规模杀伤性武器等。

另外，随着以色列社会的发展和中东地区冲突的相对缓和，以及对情报人员的要求不断提高，摩萨德在招募新成员方面也面临新的困境。相形之下，高科技公司和商界更能提供丰厚的薪酬、奖金和优越的社会地位，对顶尖人才更有吸引力。为摆脱人才青黄不接的困境，摩萨德招募工作打破常规，不但在自己的官方网站上公布工作申请表，还在其他政府部门网站和报纸上公开刊登招聘广告。其中一则广告词写道："我们向有志成为摩萨德特工的申请者承诺一份激动人心的事业。"

# 第七章　对外关系及政策取向

## 第一节　孤立的外交处境

在中东地区，以色列长期处于外交孤立的状态。从主观上讲，这种孤立折射出以色列人长期积淀的、建立在近乎病态的不安全心理基础之上的安全观。

一是犹太人的"隔都情结"。安全的概念，既指一种客观状态，又是一种主观感受，即客观上不存在威胁，主观上不存在恐惧。不幸的是，对以色列人而言，上述两个因素恰恰都是现实存在的。具体来说，以色列人的不安全感和孤立感，与犹太民族的历史遭遇和现代以色列国所处的地区和国际环境密不可分。对犹太人来讲，约两千年的流亡生涯无异于一场无休止的谋求生存的斗争历程，充满着受迫害、遭屠杀的悲惨遭遇，使他们世代生活在没有安全感的恐惧之中。第二次世界大战期间，犹太人遭受的纳粹种族灭绝式的大屠杀，以及建国前后与阿拉伯人的你死我活的拼杀，都给他们留下了心灵的创伤和永不磨灭的记忆。从12世纪至18世纪，欧洲国家的犹太人被强迫隔离，生活在"隔都"中。这一现象表明犹太人在政治、社会及文化生活诸方面被排斥在主流社会之外。与非犹太社会的交流渠道遭到堵塞的史实，造就了犹太人根深蒂固的被孤立感，使他们对外部世界的环境极为敏感。不仅如此，世世代代的孤立感还培养了一种犹太人特有的对外部不信任、自我依赖的性格。

二是"马萨达堡心理效应"。马萨达山位于死海西边，是耶胡达高地上的一个孤立小山，高出死海400多米，山顶是一块平地。公元前103—前76年，犹太人在山顶建起城堡。其后，统治者将它修建成一座行宫，山上有存水的地方和粮仓。66年，犹太人发动反抗罗马帝国统治的起义，遭到罗马军队的镇压。70年，罗马军队攻占耶路撒冷，犹太起义者退守马萨达堡，被围困3年拒不投降，后集体自杀。此后，"马萨达堡心理"就成为被包围、孤立无援的同义语，也是犹太人不屈不挠精神的象征。

1948年建国后，以色列将自身视为一个被层层敌对势力包围的"扩大的马萨达堡"，身陷于四个包围圈：第一个包围圈是四个阿拉伯邻国（埃及、约旦、叙利亚和黎巴嫩），这个包围圈被认为对其生存威胁最大、最直接；第二个包围圈是其他阿拉伯国家；第三个包围圈是伊斯兰世界；第四个包围圈则是国际上的反以势力。由此，以色列犹太人普遍感到生活在一种被包围的氛围之中。他们当中的任何人都不会忽略这样一个事实，那就是这个世界上唯一的犹太国家是除了一面靠海外，其他方向均被阿拉伯国家辽阔疆域所包围的一个狭小的岛。那种陷入重重包围的"马萨达堡心理"挥之不去。以色列不仅是处于阿拉伯世界中的孤岛，而且在整个伊斯兰世界也常常是"众矢之的"。受民族、宗教、文化认同感等因素影响，伊斯兰国家在巴勒斯坦问题上普遍一致地站在阿拉伯国家一边，通过伊斯兰会议组织等谴责以色列，在国际舞台上支持巴勒斯坦人的斗争。绝大多数发展中国家，包括与以色列建交的国家，也都支持阿拉伯一方。

从客观来看，在中东，"阿拉伯性"和"伊斯兰性"是该地区绝大多数国家最为基本的属性和共性。22个阿拉伯国家的母语都是阿拉伯语。在以色列周边，阿拉伯国家和另外两个非阿拉伯国家——土耳其和伊朗均为伊斯兰国家。无论是阿拉伯联盟、世界伊斯兰联盟、海湾合作委员会等地区组织，还是国际性的伊斯兰合作组织，以色列均"榜上无名"，完全像个"局外人"。在大多数中东国家眼中，以色列这个以世界上唯一犹太民族家园自居的国家，俨然是个与地区大环境格格不入的"另类"。阿拉伯人和犹太人的自我认知和定位也存在巨大差异。在很大程度上，以色列自认为隶属于一个"超国家体系"，即全世界的犹太人群体。然而，根据埃及前总统纳赛尔的"三个圈子"理论，这个以色列的邻国则处于阿拉伯、非洲和伊斯兰世界这三个圈子的中心。

因此，从以色列自身来讲，对所处的这一地区也缺乏真正的归属感。阿以之间长期的战争与冲突，阿拉伯国家对以色列在政治、经济和文化等各方面的抵制，已经形成一种潜移默化的心理"惯性"。即使像埃及、约旦这样与以色列有正常贸易往来的国家，能够获得以色列商品与技术服务的机会也是有限的。例如在埃及，与以色列的经济与文化往来严重受限。导致这一现象的主要原因，不仅仅是埃及官方不鼓励，很大程度上也是当地民众抵触的心理因素使然。一位经常与以色列做生意的埃及商人坦言："在埃及的超市，很少有人会选购来自以色列的商品。如果设想有一种所有的超市都敢于拒绝上架的商品，那无疑就是以色列生产的果汁。"以色列的孤立处境使其无法融入中东地区的经贸合作体系。

由此，尽管从建国到现在已有几代人出生在以色列这个独立和强大的犹太国家里，尽管有中东地区最强大的军队以及超级大国美国的安保承诺，国家安全已基本有保障，但出于对外部安全威胁的恐惧，犹太人受孤立和不安全心理依旧留存。大多数以色列犹太人依然宁要安全，而不愿为和平冒险。正是基于这种强烈的不安全感，以色列对外政策的基本考量和出发点，自然是确保绝对安全。追求生存与安全的基本目标，可作为对于以色列政府一贯奉行强硬政策的一种诠释。

以色列绝不屈从外界压力、我行我素的外交风格，在应对国际压力的外交实践中得到充分体现。2016年12月，在联合国安理会通过反对以色列定居点政策的2334号决议后，以色列政府强烈抵制，不仅与美国"翻脸"，谴责奥巴马政府对该决议的弃权之举，甚至宣布暂停与12个投赞成票国家的外交工作关系。2017年3月15日，联合国西亚经济社会委员会发表题为"以色列对待巴勒斯坦人之道及种族隔离问题"的报告，称以色列已经建立"种族隔离政权"。对此，以色列外交部指责该报告"反以色彩强烈"，无异于"纳粹主义"。以色列驻联合国大使谴责该报告"卑鄙、荒谬、别有用心"，企图将中东唯一的民主国家贴上错误的标签，是"弥天大谎"。

当然，摆脱外交孤立也是不可或缺的重要安全保障。为此，以色列政府采取了灵活多样的外交政策，如试图通过经济援助、军事援助等手段，在发展中国家广交朋友等。但总体而言，通过美国犹太人巩固以美关系、影响美国中东政策，使之向有利于以色列的方向发展，无疑是以色列外交战略中的一个"重头戏"。

## 第二节　以美关系与美国犹太人

自建国起，以色列就树立了"一个大国理念"，即紧紧依靠一个大国，作为自身安全与发展的后盾。起初，以色列将法国作为首选，后逐渐靠向美国，与美国建立了未签署正式盟约的战略同盟关系。以美关系"形同父子"，除价值观、政治制度、意识形态、战略利益趋同外，美国犹太人对以色列这个世界唯一犹太国家的支持，以及美国犹太人政治势力对美国中东政策的影响无疑也是不容忽视的重要因素。

美国犹太人支持以色列的深层次原因，源自对这个世界上唯一的犹太国家的认同感。美国犹太人在美国社会及经济领域占有重要地位，由其组成的政治势力对美国中东政策具有重要影响，但以美关系也受到美国总体对外战略及犹太人社会自身发展状况等因素的制约。

### 一、对以色列的认同感

犹太教是几千年来维系犹太民族意识和民族凝聚力的唯一精神纽带。散居世界各地的犹太人经过与所在国民族的融合或被同化，彼此间语言可能已不再相通，各自的生活方式也已大部分入乡随俗，甚至连宗教礼仪也出现了差别。但来自不同地域的犹太人却在宗教这一精神世界中彼此相识、相知。作为散居犹太人一个重要分支的美国犹太人，正是基于犹太教这一纽带，对以色列同样具有很强的认同感[1]。这种认同感突出表现在对待犹太复国主义运动的态度上。在美国，犹太教尽管有改革、保守和正统派之分，但却不同程度地一致支持犹太复国主义运动。

美国的世俗犹太人虽大都已"美国化"，却依然保持了"犹太气质"和民族认同感，这种气质和认同感均来源于犹太人的宗教情结。与以色列的世俗犹太人一样，一些美国犹太人虽自称不信仰宗教，但

---

① 在美国的约 600 万犹太人中，信奉犹太教的教徒约有 370 万，20 世纪 50 年代即成为继基督教新教和天主教之后的美国三大主要教派之一。

也会去犹太教会堂参加礼拜，按民族传统过逾越节等宗教节日，婚丧嫁娶均遵循犹太教习俗。因此，他们自然会受到犹太教潜移默化的影响。不少犹太人也许平时极少进犹太教会堂，但等他们退休后往往又进会堂，并潜心信奉犹太教。另外，长期以来，由于宗教因素的作用，美国犹太人与异族通婚的现象比其他主要族裔（非洲裔、拉丁美洲裔、亚裔等）要少，也不大接受异族皈依者。美国犹太文化中渗透着的这种强烈宗教色彩，使得无论是犹太教徒还是世俗犹太人，都对以色列有很强的认同感。正是基于这种认同感，美国犹太人与以色列犹太人建立了千丝万缕的联系。一方面，在美国信奉犹太教的犹太人群体在某种程度上可以说是以色列信教犹太人群体的一个缩影。美国犹太教的三大派别——改革派、保守派与正统派，在以色列都能找到"娘家"。两国的犹太教会堂、犹太教神学院、各大学犹太教神学系之间均有联系，犹太拉比及神学院学生之间的互访与交流不断。另一方面，总部设在以色列的一些世界性犹太人组织，如世界犹太复国主义者组织、犹太民族基金会等，都在美国设有分支机构，并深入到各个犹太社团之中。这些组织及其活动为以美两国犹太人架起了一座座桥梁。尤为重要的是，美国犹太人积极组织亲以活动，为促进两国犹太人在政治、经济和文化等方面的紧密联系起了重要作用。他们通过向以色列提供各种形式的援助以及亲临以色列访问，使以色列的每一个角落都感到美国仿佛就在眼前。

美国犹太人对以色列的援助主要集中在教育、文化、社会福利和慈善事业等领域。以色列的高等院校、博物馆、国家大剧院、医院、犹太工人总工会以及遍布全国各地的文化和体育中心等，都在某种程度上依靠美国犹太人的援助。在美国犹太人组织的积极推动下，以美两国各界人士的互访不断。美国犹太人的上述努力，为在以美两国犹太人之间建立起文化及心理上的认同感做出了贡献。据统计，70%的美国犹太人声称，他们聆听以色列国歌"哈提克瓦"（希伯来语意为"希望"）时比听美国国歌的感受更为强烈。

## ❀ 二、影响美国中东政策的方式

美国犹太人是通过选票和捐款等方式参政的。美国犹太人的投票率通常都高达90%以上。因美国的民主党与共和党两大政党在总统选举时常常出现势均力敌的局面，犹太人的选票率往往能发挥关键作用。因此，参选者无论来自哪个党派，都十分重视犹太人的选票。在2000年美国大选期间，民主党总统候选人戈尔甚至还挑选犹太裔参议员、犹太教正统派教徒利伯曼作为自己的竞选搭档，开创了犹太人参选美国最高行政领导的先例。据统计，占全美选票总数约4%的犹太人选票中，高达79%的选票投给了戈尔-利伯曼阵营。

犹太人的政治捐款在选举中所起的作用同样举足轻重。大多数美国犹太人经过几代人的奋斗拼搏，已成为中产阶级，主要从事工商业、金融业和专业技术工作。全美百万富翁中约20%是犹太人。犹太金融家在美国金融界的实力首屈一指，在美国有"犹太人控制华尔街"之说。凭借强大的经济实力，美国犹太人提供的政治捐款往往在总统选举中发挥重要作用。据统计，犹太人提供的政治捐款占民主、共和两党所获捐款总数的1/4~1/3，其中民主党的政治捐款有一半来自美国犹太人。犹太人提供的政治捐款与其获得的"政治回报"成正比。根据对1970年到1982年在任的130名参议员投票情况的调查，在国会对有关以色列问题（如向以色列提供武器等）进行投票表决时，议员的支持率与其接受犹太人政治捐款有直接关系。在30名不同程度地接受了犹太人捐款的议员中，接受款额越多，支持以色列的比例就越高。而提供这些捐款的犹太富翁多与犹太院外活动集团有联系。

美国犹太人积极参政的结果造就了三股强大的犹太人政治势力。

一是犹太裔政治精英。其中代表人物有：尼克松和福特两位总统任内的国务卿亨利·基辛格，卡特总统任内的财政部部长迈克尔·布卢门撒尔，克林顿政府的国务卿奥尔布赖特、国防部部长科恩、财政部部长鲁宾、国家安全事务助理伯杰和贸易代表巴尔舍夫斯基等。此外，各州及重要城市的州长、市长中也有不少犹太人。至于进入历届国会的犹太裔议员更是不胜枚举。

二是院内活动集团，即国会中的犹太裔议员。犹太裔议员在美国联邦议会中所占席位已大大超过其在美国总人口中的比例，且形成一股亲以势力。如1998年选出的第一百零六届国会，有犹太裔众议员23人，在众议院435个席位中占5.1%；犹太裔参议员11人，在参议院100个席位中占11%。犹太裔议员多从犹太人聚居区选出。他们成为犹太人的代言人，在政治上旗帜鲜明地支持以色列，与所有的反犹力量及行为做斗争，对美国中东政策的制定和实施发挥着重要作用。

三是院外活动集团，即犹太人团体。犹太人院外活动集团能量极大，对美国政府中东政策的影响最为显著。据美国犹太人委员会每年发表的《美国犹太年鉴》统计，在美国共有犹太人团体500多个，其中约有300个全国性犹太团体和200个地方性犹太团体。其中，"美国以色列公共事务委员会"（以下简称"美以委员会"）号称"国会山之王"，是美国国会山注册的、最具影响力的亲以院外活动集团。2001年5月，该委员会连续第四年被美国《财富》杂志排名为"外交政策第一大院外活动集团"，也是排名前五位的院外活动集团中唯一的犹太人团体。

美以委员会成立于1954年，总部设在华盛顿，并在纽约、旧金山和奥斯汀等地设有地区分支机构，负责协调当地的犹太复国主义运动和集资工作。该委员会代表那些相信支持以色列符合美国利益的美国人，其工作对象是国会，主要任务是使政府实施亲以政策。美以委员会是一个组织严密、权力高度集中和机制化的利益集团，有其特殊的组织原则和工作方法。该委员会年活动经费约300万美元，且与领导着数百个犹太人组织的约5 000个大富翁关系密切。凭借手中掌握的财力、舆论和选票，美以委员会已成为美国犹太人政治势力的核心，凡遇到涉及以色列的重大问题，美国的各大犹太人组织都须听从该委员会的指挥。因此，它被一些美国犹太人称作美国犹太复国主义运动的"智囊"或"主心骨"。美以委员会不仅能量极大，而且消息灵通，这一切使其能够卓有成效地从事亲以活动。

美国犹太院外集团影响美国政府中东政策的具体方式主要体现在以下三个方面：

第一，支持亲以色列的总统候选人参加竞选，并确保其当选后保持亲以立场。以色列建国以来的历届美国政府几乎无一例外地在阿以争端中奉行亲以政策，这与美国犹太院外集团的努力是分不开的。1960年，一些美国犹太富翁以提供竞选活动经费为条件，要求民主党候选人肯尼迪答应在其当选总统后让他们决定今后四年美国中东政策的方向。肯尼迪在大选中获得82%美国犹太人的选票，当选后便第一次批准向以色列出售美国的军火。1967年第三次中东战争爆发时，美国犹太院外集团通过政府官员敦促总统支持以色列对阿拉伯国家采取的军事行动，从而保证了美国的军用物资源源不断地运往以色列。战争结束后，美国犹太院外集团提出"在阿拉伯国家同意与以色列保持'公正和持久和平'之前，不得强迫以色列撤出所占领土"的要求，被约翰逊总统接受。在1972年大选中，尼克松获得65%的犹太人选票，当选后将美国对以色列的援助从前任的每年3亿美元提高到6.43亿美元。1975年福特出任总统后，宣布准备重新评估美国的中东政策，从而失去了大多数美国犹太人的支持。1976年大选时，68%的美国犹太人将选票投给了民主党候选人卡特。卡特总统执政时期，曾表示赞同巴勒斯坦解放组织在和谈中享有代表权。此言一出，四天之内来自美国犹太院外集团的827次抗议电话和7 268份抗议电报劈头盖脸地向白宫袭来，迫使卡特不得不决定将巴勒斯坦解放组织排除在和谈之外。1992年克林顿当选总统，美国犹太人高达85%的支持票可以说功不可没。2001年年初小布什执政后，美以委员会公开致信国会，要求在2002年度外交行动拨款中保证不削减对以色列的援助。

第二，想方设法在国会建立"亲以阵营"。主要有三种方法：一是协助亲以候选人竞选国会议员，在国会中培植亲以势力。二是监督、影响国会议员的投票倾向。每逢国会讨论中东政策或进行表决时，全国政治委员会都要进行详细的记录，并将记录印发给分布在美国各地的分会，为它们提供该地区议员在中东问题上的立场及态度，并根据该议员的具体表现提出对其采取何种行动的建议。每当遇有涉及以色列的重大问题，如向以色列提供军事或经济援助的法案须经国会讨论通过时，美以委员会一方面对熟悉的议员施加影响，另一方面还动员大批美国犹太人通过以个人名义写信或亲自造访那些立场尚不明朗的议员等方式，促使他们投票赞成法案，确保政府奉行亲以外交政策。据统计，美以委员会的成员平均每年与国会议员们会面约2 000次，并促成约100个亲以色列的议案在国会通过。三是设法将采取反以立场的议员赶出国会。如在1980年，加利福尼亚州众议员保罗·麦克洛斯基提出一项修正案，反对以色列在约旦河西岸修建犹太人定居点，要求美国政府为此削减对以色列的援助。然而，由于美国犹太院外集团的游说活动，使该修正案被扼杀在摇篮中。麦克洛斯基本人也为此付出了惨重的代价。后来他在参加参议员竞选时，不仅在舆论界受到美国犹太人的猛烈抨击，而且失去了原来犹太富翁资助的竞选筹款，最终败北。实际上，多数议员都把美以委员会视为一股政治势力在国会的直接代表，一位议员能否连任，这股势力可以说是握有决定权的。

另外，为了影响国会议员对以色列的看法，美以委员会经常发出倡议，敦促全国政治委员会在美国各地的分支机构以个人名义邀请该地区的议员访问以色列。美国犹太院外集团还十分注重对犹太裔国会议员"后备军"的培养。美以委员会在美国50个州的350所大学和学院中都设有联络处，并经常在校内举办讲座和研讨会，宣传美国与以色列保持友好关系的重要性。他们还将"有发展前途的"犹太裔学生登记在案，并在他们毕业后将其举荐为议员助理。据悉，美国参议院中大部分议员至少要聘用一名犹太裔助理。

第三，采取各种手段影响媒体和美国社会舆论。美以委员会定期发行新闻通讯刊物《近东报道》，系统地阐述该组织对涉及以色列问题的立场和态度，并不定期地发行各种针对某些与以色列有关的具体问题的单行本。这些宣传材料不仅下发至美国犹太人的各地方基层组织，有时就连国会议员也是人手一册。该组织也努力加强同基层犹太人组织、其他少数民族集团以及基督教温和派组织的联系，以扩大对舆论的影响。在美国犹太院外集团的影响下，美国主流舆论对阿以冲突的报道通常都是偏袒以色列的。例如，在美国，绝大多数人不知道以色列前总理巴拉克在以、巴、美戴维营三方会谈时同意建立的巴勒斯坦国是由几个互不相连的居住区组成的，也不知道它们与设有军事哨卡的以色列公路相互交错等背景。他们只知道以色列人慷慨地同意建立一个巴勒斯坦国，但是阿拉法特却莫名其妙地拒绝了这一建议。

美国许多著名的编辑和出版商本身就是犹太人，或在美国犹太院外集团的影响下成为以色列的坚定支持者，凡是记者或政治评论家涉及以色列的言论均须经过他们的严格"把关"。另外，由于美国国家安全机构的高层职务通常都是由与美国犹太院外集团有密切关系的人担任，所以任何军人或职业外交官发表反以言论，都难逃舆论谴责。总之，美国犹太人政治势力通过亲以活动，促使美国国会通过了很多在阿以问题上有利于以色列的决议，进而对阿以争端产生直接或间接的影响。

## 🌸 三、影响的制约因素

美国犹太人对美国中东政策的影响并不是无限的。它与美国犹太人社会自身发展与自我认识状况以及美国全球战略利益密不可分。从历史上看，历届美国政府制定中东政策的出发点都是美国的国家利益和总体战略。因此，美国犹太人对美国中东政策的影响不可避免地受到这些因素的制约。一方面，出于民族和宗教情结，他们普遍将以色列视为心目中的"圣地"，希望以色列强大并能获得安全与和平。每当这个犹太国家面临安全危机时，他们均愿意给予全力支持。另一方面，由于他们生长在美国，自然将美国视为自己的祖国及效忠对象。他们首先是美国公民，然后才是犹太人。基于此，在很多情况下，他们会自觉或不自觉地从美国人的角度看待阿以问题，并以美国国家利益为基准评判以色列政府的对阿政策。因而从某种程度上讲，美国犹太人对阿以争端的态度变化与美国中东政策的调整具有一致性，而同以色列政府的对阿政策则不能完全同步。

冷战时期，美国全球战略的重点是与苏联的竞争，其中东政策也基本上服务于这一总体战略。从第二次世界大战结束到以色列建国这一时期正值杜鲁门执政。他关心的是"柏林封锁"和"共产党在意大利获胜"，移居巴勒斯坦的犹太人与当地阿拉伯人的冲突升级并未引起美国政府的重视。美国国务院及国家安全机构的许多要员对以色列国心存疑虑，认为一个犹太国家的建立将使美国与阿拉伯国家的关系产生裂痕，威胁美国石油来源的安全。而杜鲁门在决策时主要听取国务院有关部门的意见，不理会美国犹太院外集团的游说。因此，这一时期美国对以色列鲜有实质性援助。20世纪50年代，当时的美国总统艾森豪威尔将阿拉伯国家视为防范国际共产主义的堡垒，并策划建立了由土耳其、伊拉克、伊朗和巴勒斯坦组成的"巴格达条约组织"，以遏制苏联的扩张。为此，美国将以色列视为其与阿拉伯国家进行合作的"负担"，甚至是"障碍"，在阿以冲突问题上不断向以色列施压。美国犹太院外集团对此束手无策。1973年第四次中东战争后，阿拉伯国家使用"石油武器"，使美国等西方国家遭受经济损失。中东因而被看作是影响西方能源供应的重要基地以及导致美苏对抗的、潜在的危险地带，在美国全球战略中的地位上升。因此，1976年上台的卡特总统十分注重同阿拉伯国家改善关系。尽管美国犹太院外集团加紧活动，但仍未能阻止美国于1978年向沙特阿拉伯出售军火。1991年海湾战争结束后，美国为确立其在中东地区的主导地位，推出"西促和谈"战略，积极倡导召开中东和会，大力推动中东和平进程。为了促使阿拉伯国家参加和会，老布什政府以延长对以色列100亿美元贷款担保为要挟，要求以色列政府冻结在被占领土上兴建犹太人定居点的工程，但遭到以色列沙米尔政府的拒绝。美以委员会全力投入为以色列争取这笔贷款担保的斗争。同年9月，该委员会在国会参众两院上演了一场大规模游说运动。然而，老布什总统在一次新闻发布会上对美国犹太院外集团的活动进行严厉的批评，指责他们严重妨碍总统履行维护国家安全的职责，并坚持将对以贷款推迟四个月。

"9·11"事件后，打击恐怖主义成为美国全球战略的重点。据此，美国采取了看似相互矛盾，实则殊途同归的中东政策。一方面，美国出于组建全球反恐联盟的需要，力图平息巴以冲突。为了消除阿拉伯伊斯兰国家对美国的疑虑，使这些国家支持其反恐战争，美国不时地向以色列施压，令其保持克制。当以色列要求追加8亿美元的援助款，以弥补因暴力冲突升级造成的军费开支不足时，遭到白宫的拒绝。另一方面，美国将反恐战争的矛头直指从事恐怖活动的伊斯兰极端势力，且将巴勒斯坦的"哈马斯""阿克萨烈士旅"等列入了其恐怖组织黑名单。据此，美国认为，以色列军队对上述伊斯兰极端组织的自杀式爆炸等袭击做出反应是"正当防卫"。可见，不论是力促巴以恢复和谈，还是支持以色列对巴勒斯坦的军事打击，都是出于美国的反恐战略需要。

另外，小布什中东政策的制定与其内政也不无关系。2002年11月，美国将举行中期选举。共和党的反恐"政绩"是其对付民主党的撒手锏。因此，如何处理好巴以冲突，为下一步反恐战争铺路，对小布什来说至关重要。为赢得中期选举，小布什在处理巴以问题时还不能不考虑美国犹太人的态度。从小布什的几次公开表态中可以看出，其偏袒以色列的立场一如既往。

从美国犹太人政治势力的行动意向、方式和效果来看，其对美国中东政策能够产生影响的根本原因，还是其亲以活动与美国中东战略的并行不悖。一旦以色列政府的对阿政策与美国在中东的战略利益发生难以调和的矛盾，美国犹太人所能够发挥的作用和影响就会大打折扣。

与此同步，身为美国人的美国犹太人对阿以争端的态度自然也会有相应的变化。1987年被占领土发生"因提法达"（巴勒斯坦人大起义）事件后，美国犹太人围绕以色列对巴勒斯坦政策问题分化为反对派和支持派两大阵营。反对派指责以色列对巴勒斯坦人采取的强硬手段十分危险，指出以色列军队如不尽快停止对巴勒斯坦人的暴力镇压，将导致更为危险的后果。相当一部分美国犹太社团不仅对以色列军队的行动加以批评，而且对以色列政府的对阿政策提出质疑。支持派则指责反对派，称他们对以色列政府的批评是"政治上天真的背叛行为"，其后果将会给这个犹太国家造成致命伤。20世纪90年代后，美国全球战略发生了重大调整，美国在全球政治力量对比中已占绝对优势。此间美国犹太人在中东和平进程问题上也分为左、右两派，支持巴以和谈的左派略占上风。2001年3月上台的沙龙政府对巴勒斯坦方面采取强硬政策，致使巴以冲突愈演愈烈。美国犹太人普遍主张平息冲突，恢复和谈。"9·11"恐怖袭击事件发生后，据2001年11月对美国犹太人的一次最广泛的民意调查结果显示：85%的美国犹太人支持巴勒斯坦建国，认为平息巴以冲突将有助于美国在全球范围内赢得对其领导的反恐战争的支持。有近3/4的被调查者主张，即使同以色列产生分歧，美国也应在中东和平进程中发挥积极作用。

综上所述，美国犹太人对美国中东政策的影响无疑是研究中东问题不容忽视的一个重要方面。而美国犹太人作为美国社会中的一个特殊群体，其未来的发展趋向及影响仍需予以关注。

## 第三节　以色列与埃及的"冷和平"

以色列采取"分而治之"的对阿战略，意在拆散与以色列敌对的阿拉伯联合阵线，缓解阿拉伯国家对以色列的"包围"。在这方面，以埃关系堪称经典案例。埃及是第一个与以色列签署和平条约的阿拉伯国家。然而，十几年来，以埃关系一直处于一种复杂、微妙、敏感和多变的状态，人们将这种关系称为"冷和平"或"形式上的和平"。

以埃和平的实现是双方领导人对形势高度共识的结果。从1948年以色列建国到20世纪70年代，以埃及为首的阿拉伯国家先后与以色列打了4场大规模战争。第四次中东战争后，埃及总统萨达特为了给历经战争磨难的埃及赢得一个和平环境进行经济建设，顶住巨大的压力赴耶路撒冷访问。而第四次中东战争也使以色列领导人认识到，它不可能既占领阿拉伯大片领土，又获得永久的和平与安宁。1978年秋，在美国的调解下，埃及与以色列签署了《戴维营协议》，双方实现关系正常化。

埃及退出对以色列的战争，削弱了阿拉伯国家与以色列进行全面军事对抗的能力，在客观上遏制了中东战争的再度爆发。但是，以埃关系的发展却不可避免地严重受制于以色列与整个阿拉伯世界的关系。由于埃及与以色列单独媾和，阿拉伯国家联盟驱逐了埃及，并将阿拉伯国家联盟总部从开罗迁到了突尼斯，与此同时，以色列与埃及的关系也一直处于一种不尽如人意、不冷不热的状态。当然，以埃关系除受制于整个以阿关系的发展外，还主要取决于以埃两国各自的国家利益及其外交政策所追求的目标。

对埃及来讲，割不断的大国情结是其处理对以色列的关系的重要前提。埃及外交政策的首要目标是确保埃及在阿拉伯世界和中东的大国地位。

首先，埃及认为，埃及必须作为中东和平的主要角色之一，和平进程的发展必须有助于巩固埃及的地区大国地位。受此因素影响，埃及在对以色列的关系中表现出相互矛盾的两个方面：一方面，埃及希望利用自己与以色列和阿拉伯国家的特殊关系，发挥"调解人"的作用，积极推动中东和平进程；另一方面，埃及又深恐在中东实现全面和平后，强大的以色列将会威胁其大国地位。为此，埃及采取了合纵连横的政策，拉住巴勒斯坦、约旦、叙利亚和伊拉克，增强其未来与以色列抗争的力量。同时，埃及还劝说一些阿拉伯国家，使其延缓与以色列实现关系正常化。

其次，埃及要做阿拉伯国家的代言人。埃及在阿拉伯世界中具有举足轻重的地位。1989年埃及摆脱孤立困境，重返阿拉伯国家联盟，1991年马德里中东和会再次开启中东和平进程，为埃及重新以阿拉伯世界代言人的姿态活跃于中东舞台提供了条件。以色列领导人已多次访问过埃及，以色列方面也殷切期望埃及高层领导人回访，但穆巴拉克总统执政后却一直未访问以色列。1996年6月，以内塔尼亚胡为首的以色列右翼政府上台后，埃及对以色列政府的批评明显升级，并借机引导阿拉伯国家开展对以色列的斗争，并于1996年6月成功地主持了阿拉伯国家特别首脑会议，促进并加强了阿拉伯国家间的协调和团结。

再次，以色列作为中东唯一拥有核力量的国家这一现实，让埃及一直耿耿于怀。为此，在核不扩散问题上，埃及与以色列展开了针锋相对的斗争。埃及警告以色列若拒绝签署《不扩散核武器条约》，将导致中东军备竞赛升级。另外，埃及对美国偏袒以色列、向以色列提供巨额军事援助的做法极为不满，认为这是造成中东地区军事力量对比失衡的重要原因。埃及通过各种途径反复强调，中东地区裁军必须包括以色列，特别是应销毁其大规模杀伤性武器。与此同时，埃及注重发展自身的军事力量，防御重点仍是以色列。埃及每年军费开支近50亿埃镑，供养着一支45万人的军队。1996年9月，埃及军队举行了历史上规模最大的一次军事演习，矛头指向"某个拥有该武器的国家"。

最后，埃及坚持地区经济合作仍要以埃及为主。1994年10月卡萨布兰卡第一次中东经济首脑会议拉开了以埃"经济战"的序幕。在这次会议上，以色列提出了雄心勃勃的地区经济合作计划，特别是关于开凿连接红海和死海的运河及铺设经约旦到海湾石油管道的设想。这一设想直接威胁到对埃及经济举足轻重的苏伊士运河的战略地位，使埃及担心将来拥有地区领导权的可能不是人口众多的埃及，而是强大的以色列。在1995年举行的安曼经济首脑会议上，针对以色列提出的旨在使以色列成为地区技术和旅游中心的地区发展方案，埃及提出了开发西奈半岛的设想，并声明在以色列承诺执行有关从被占领土撤军的决议之前，不准备实施由以色列参加的经济项目。1996年11月，埃及又利用主持召开第三届中东北非经济会议之机，提出阿拉伯市场先于中东市场的主张，强调阿拉伯国家间的经济合作，联合抵制了以色列提出的地区经济合作构想。

以色列尽管与埃及签署了和平协议，但仍对埃及这个强邻心存疑虑。以色列诞生于战火之中，"生存与安全"是其对外政策的核心内容。正是出于对国家安全的考虑，以色列与埃及实现了和平，与巴勒斯坦解放组织签署了《奥斯陆协议》、与约旦签订了和约。但是，在以色列方面，不论是利库德集团执政还是工党掌权，和平从来都是以国家安全为先决条件的，和平与安全可以有一致的地方，但和平绝对不能代替安全。因此，以色列对埃及的政策也表现出相互矛盾的两个方面：一方面，以色列承认埃及的独特地位，希望埃及发挥积极作用，推动阿拉伯国家与以色列和解，希望埃及作为第一个与以色列实现和平的阿拉伯国家，能给其他阿拉伯国家做出"示范"。为此，以色列历届政府都非常重视埃及的作用，内塔尼亚胡总理上台后出访的第一站就是埃及。另一方面，以色列对埃及大国欲望的膨胀心存疑虑。以色列认为，从马德里中东和会到以巴签署《奥斯陆协议》前后，埃及由于要证实自己十多年前开始的与以色列和解进程的正确性，在和平进程中起了非常积极的作用，所以这一时期以埃关系也较为融洽。但此后，埃及处处要"控制"阿拉伯国家与以色列发展关系的步伐，牵制其他阿拉伯国家的行动。埃及在国际上越来越多地向以色列发难，在和平进程中则越来越偏袒巴勒斯坦方面，鼓励巴方持不妥协立场。

虽然以埃之间早已实现和平，但以色列高层认为，埃及仍然是以色列安全的最大潜在威胁，是能对以色列构成致命军事威胁的国家。因此，以色列军队必须"枕戈待旦"，处处对埃及"严加防范"。事实上，以埃签署和约以来，以色列对埃及的间谍活动从来就没有间断过。据称，内塔尼亚胡于1996年上台后采取的第一个安全措施，就是增加派往埃及的间谍组织。此外，以色列还以物质和技术援助为诱饵，公开或秘密地同埃塞俄比亚、厄立特里亚、乌干达、佛得角等国进行合作，建立秘密军事基地，对埃及的后方造成威胁。而埃及军事力量的不断增长，特别是从朝鲜购买导弹一事，引起以色列方面的重视。

伊斯兰教经典《古兰经》中对犹太教徒诅咒而反映出的宗教世仇，几十年以来的中东战争在阿拉伯人和以色列人心中埋下的仇恨种子，是很难在短时间内彻底消除的。有人说，"以埃和平只是两国领导人之间的和平"，此话不无道理。可以肯定地说，只有当埃以乃至整个阿以之间领导人的和平变为人民之间的和平，中东实现真正和平的时代才会到来。尽管如此，以色列和埃及是中东和平进程的共同先行者，继续这一和平进程是两国共同利益之所在，因此，在和平已成为大势所趋的今天，双方出于各自的根本利益考虑，都不希望关系全面恶化，都需要在和平问题上继续合作。而历史经验证明，以埃之间的合作将大大有利于中东和平进程的推进。

## 第四节　斗而不破的以欧关系

### ❖ 一、历史上，以色列与欧洲的传统联系

犹太复国主义运动最早兴起于欧洲，当时的奥匈帝国、德国、英国和法国等欧洲大国均成为其寻求支持的对象。1917年《贝尔福宣言》的发表，标志着犹太复国主义运动得到了一个大国的支持。以色列的第一代领导人绝大部分接受过欧式教育，既熟悉西方的社会制度，又体验过犹太人在欧洲的境遇。以色列建国伊始，正值"冷战"时期，以色列自然倒向西方阵营，其外交很快侧重于与西欧国家发展关系。在20世纪50年代，以色列与法国、英国、西德、西班牙、意大利等国建立了密切联系，还一度与法国、英国结成了军事联盟。

1957年欧共体成立后，以色列的对欧政策重点也转为与欧共体及其成员国发展关系。自成立一直到20世纪70年代，欧共体内部一体化局限于经济领域，如实现成员国之间的商品自由流通、实施继往开来的对外关税与农业政策等，目标是构建面向所有成员国的共同市场。因此，这一阶段的以欧关系也主要体现在经贸合作方面。1964年6月，以色列与欧共体签订协议，就以色列的柑橘出口到欧共体市场达成谅解。1966年4月，以色列申请成为欧共体的联系国遭拒。1967年第三次中东战争后，以色列与欧共体开始就欧共体给予以色列最惠国待遇问题进行谈判。1970年6月，双方签署了第一个优惠协议，规定以色列出口欧共体的多数工业品享受降低50%关税的优惠。1975年5月，双方正式签署自由贸易协议。

1973年第四次中东战争后，阿拉伯国家使用"石油武器"，对西方国家实施禁运，使严重依赖中东石油能源的西欧国家（据统计，当时西欧65%的石油进口来自中东）陷入"石油危机"。欧共体从自身利益出发，调整中东政策，政治上一改过去一味追随美国、偏向以色列

的态度，对阿以冲突采取平衡立场。1980年6月，欧共体发表《威尼斯宣言》，要求以色列交出被占领土，承认巴勒斯坦人民的自决权，反对单方面改变耶路撒冷地位和在被占领土上兴建定居点；经济上则向阿拉伯国家倾斜，建立了欧阿对话机制，加强与海湾合作委员会的经贸合作。

　　1991年海湾战争结束及马德里中东和会召开后，随着中东和平进程取得进展，以欧关系有所改善。在此后约10年时间里，双方不但在政治、外交上保持了良好的关系，而且在经贸、科技领域的合作也日趋紧密。1993年欧盟正式成立后，以欧贸易合作发展迅速，欧盟成为以色列全球最主要的贸易伙伴。以色列进口贸易的40%来自欧盟，出口贸易的30%直接输往欧盟。在科技领域，以色列成为第一个参加欧盟"研究与技术开发"（RTD）框架协议的非欧盟国家。

## ❖ 二、进入21世纪，以色列与欧盟的矛盾

　　2001年4月，欧盟发表声明，谴责以色列重新占领巴勒斯坦民族权力机构管辖下的领土"是非法的，不应再次发生"。2003年11月，欧盟在年度联合理事会上发表声明，要求以方停止在约旦河西岸地区兴建隔离墙。以色列政府针锋相对，指出欧盟就巴勒斯坦问题提出的见解是存在缺陷和虚幻的，对巴以冲突的介入是无根据的，对以色列的安全利益构成威胁。

　　BDS运动（BDS Movement，意为抵制、撤资和制裁）是一个由171个巴勒斯坦民间团体组成的委员会发起的全球性运动，试图通过对以色列施加经济和政治压力，达成既定目标，结束以色列对约旦河西岸和戈兰高地等被占领土的占领和在被占领土上的定居活动。欧盟在BDS运动中充当了急先锋。2015年11月，欧盟决定，对源自约旦河西岸、戈兰高地和东耶路撒冷犹太人定居点的产品，要求一律贴上注明原产地的标签，不能享受进口优惠待遇。同时，欧盟还禁止欧洲国家公司与位于定居点的以色列公司合作经营。此举引起以方强烈不满，认为欧盟在巴勒斯坦问题上奉行双重标准。以色列司法部部长莎凯德指责欧盟这一决定是"反以、反犹"行为。以色列总理内塔尼亚胡声称，将重新评估欧盟对以巴和平进程的作用。

　　欧盟对以色列政策的转变，除经济利益的考虑外，一个重要原

因，就是穆斯林群体数量的不断增长。据统计，欧盟国家穆斯林总人数已超过1 300万，其中法国最多，达640多万，约占法国总人口的1/10。穆斯林向欧洲移民始于第二次世界大战后，如今每年有100万以上的穆斯林移民（50多万为家庭配偶团聚，40多万为政治避难申请者，非法移民中相当一部分是穆斯林）如潮水一般的涌向欧洲各国。

欧洲穆斯林居高不下的出生率与年轻的人口结构，是推动欧洲穆斯林人口急剧增加的另外两个内在动力。欧洲穆斯林出生率是非穆斯林的3倍。法国穆斯林人口中1/3在20岁以下（法国总人口在20岁以下的仅为21%）；德国穆斯林人口中1/3在18岁以下（德国总人口在18岁以下的仅为18%）；英国穆斯林人口中1/3在15岁以下（英国总人口在15岁以下的仅为20%）。据估计，在2050年欧洲穆斯林人口将超过欧洲总人口的20%。美国著名历史学家伯纳德·刘易斯忧心忡忡地警示，到21世纪末，欧洲大陆将全面穆斯林化，欧洲将再一次被穆斯林征服。

经过几代人的繁衍生息，庞大的穆斯林群体成为欧洲最大的少数族群，值得注意的是，它形成了一个对外界封闭、对内自有一套规则的平行社会，既缺乏对主流社会的认同，更无法融入主流社会。欧洲穆斯林集中于欧洲的大中城市附近，组成了一个个在主流社会包围下的穆斯林社区。这些社区的居民大都来自同一国家或地区，他们聚居在一起，有着相同的语言、传统、生活习惯及宗教信仰，孤立隔阂于主流社会。欧洲穆斯林的经济地位低下，其就业渠道主要集中在低收入的制造业与服务业，属于蓝领阶层，失业率是非穆斯林失业率的两倍以上，随之而来的是犯罪率、失业率、辍学率居高不下等一系列社会问题。

与此同时，欧洲穆斯林的政治、社会影响力也有所上升，甚至跻身政坛。如在英国，上院有4名具有穆斯林血统的议员，下院有2名，此外欧洲议会还有1名议员。2016年，伦敦经选举产生了历史上第一位穆斯林市长。欧盟国家政府均不同程度地面临社会不稳定的压力，不得不在巴勒斯坦问题上对以色列采取强硬政策，以期安抚国内的穆斯林群体，避免矛盾进一步激化。在2014年7月至8月加沙战争期间，欧盟一些国家爆发大规模反以游行示威，抗议以色列军队进攻加沙、殃及平民的"暴行"。

　　然而，以欧毕竟有着共同的政治制度、价值观以及深远的传统关系，欧盟还是以色列全球最大的贸易伙伴。以欧关系总体上将保持斗而不破的状态。况且，在巴勒斯坦问题上，欧盟各成员国并非"铁板一块"。欧盟成员国虽在外交和安全政策上遵循统一的"布鲁塞尔原则"，但因国情不同，彼此间仍有矛盾和摩擦，对外政策很难做到完全一致。由于距离中东的地理位置不同，欧洲国家在中东的利益有着轻重缓急的差异，对中东问题的关注度也有所差距，南欧和东欧更为接近中东，对中东热点更为关注。而西欧和北欧距离中东较远，关注度相对不高。在巴勒斯坦问题上，欧盟并不具备统一各成员国立场的绝对权威。例如，在定居点产品贴标签问题上，德国的态度就较为温和。因此，以欧关系磕磕绊绊却斗而不破将成为常态。

# 第八章　移民社会的构成及矛盾

以色列是个典型的移民国家。国家从无到有，人口从少到多，力量由弱变强，均离不开移民和世界各地犹太人的贡献。毫不夸张地说，没有移民，就没有今天的以色列。在"流亡者聚集"的目标指引下，由来自世界各地的犹太移民组成了以色列"马赛克式"的社会，多元化成为其主要特征。

## 第一节　犹太人各族群之间的矛盾

犹太人之所以被公认为一个民族，是因为他们信仰共同的宗教——犹太教，拥有共同的历史和文化传统。但与此同时，出于历史原因，特别是约两千年的大流散，这个民族早已分化为不同的族群。突出表现为，来自不同国家和地区的犹太人，在肤色、外貌、语言和生活等方面显现出极大的差异性。伴随着经济发展，经过几一年的繁衍和人口流动等演变，以色列各犹太族群的经济地位、文化素养以及思想观念等方面的差异不断加大，分裂为三大族群：

一是西方犹太人（亦被称为"阿什肯纳兹人"，源于中世纪的希伯来语中对日耳曼的称呼），近两千年来一直生活在欧洲。19世纪，大批东欧、中欧犹太人移居美国后，西方犹太人又成为美国犹太人的主体。受地域、气候、水土和生活方式等多方面影响，他们与欧洲其他民族外貌较为接近，金发碧眼的白人居多。他们中不少人说意第绪语，即一种将希伯来语与德语混合构成的犹太人语言，用希伯来字母书写。第二次世界大战后，经过纳粹大屠杀和大批欧洲犹太人外迁，加上以色列建国后希伯来语的"复活"，说意第绪语的犹太人越来越少。

二是东方犹太人，即数千年来一直生活在亚洲和非洲的犹太人。他们的祖先可追溯到公元前586年的"巴比伦之囚"。被掳往新巴比伦王国的犹太人中，有相当一部分人没有返回巴勒斯坦，而是留住在当地，并继续保持着犹太教信仰和犹太传统文化。时过境迁，这些犹太人的后代又逐渐分散到伊朗、也门等西亚各地，还有一部分人去了中亚、印度等地。此外，还有一些犹太人自古就生活在西亚和非洲地区，生活相对稳定。一些犹太社团生活的地域较为封闭，极少与外界来往，因而保留了一些十分古老的宗教和文化习俗。例如，一些在伊拉克和也门犹太人中流行的语言词汇和宗教仪式据称已有两千年的历史。到了近代，生活在西亚各国的犹太人已不再使用古老的希伯来语，而是大都讲阿拉伯语或当地民族的语言。因长期受当地自然环境和气候影响，以及与当地土著人的融合，东方犹太人在外貌上也与当地民族极为相似，有的像阿拉伯人，有的像印度人，还有来自非洲埃塞俄比亚的黑皮肤的犹太人。

三是塞法拉迪人（源于西班牙语）。8世纪阿拉伯帝国征服西班牙后，一些原来生活在西亚和北非的犹太人也来到西班牙，并受益于阿拉伯人采取的宗教宽容政策，不仅人丁兴旺，而且在政治、经济、文化和宗教等方面均顺风顺水，进入一个繁荣的黄金时代。然而好景不长，到15世纪，西班牙再度被基督教统治后，犹太人被强迫皈依基督教，否则便会遭到迫害。1492年，西班牙国王下令将所有拒绝改宗的犹太人赶出境。据说当时约有20万犹太人遭到驱逐，其中只有少数人深入意大利和法国南部，而大多数人前往北非的摩洛哥、突尼斯等地，还有部分人进入当时的奥斯曼帝国。这些犹太人的后代便是塞法拉迪人。

三大族群的差异表现在社会经济生活的方方面面：

其一，移民动机不同。许多西方犹太人移居以色列，是出于对犹太复国主义的信仰。在建立犹太家园的理想主义目标驱使下，他们宁愿放弃在欧美舒适的生活条件，来到自然环境较差的巴勒斯坦，建设和保卫这个世界上唯一的犹太国家。而多数东方犹太人和塞法拉迪人移居以色列则主要出于经济原因，即他们在原来居住的亚非国家生活水平低，来以色列可在很大程度上改善生活条件。

其二，宗教派别不同。东方犹太人和塞法拉迪人多属正统派，严格遵守犹太教律法中的各种规定和传统习俗，如恪守安息日禁止点火、熄灯、乘坐公共汽车以及从事各种工作、娱乐活动等。西方犹太人则以改革派和保守派居多。改革派认为，犹太教应与时俱进，在发展过程中摒弃那些过时的、不合理的成分，适应现代生活需要。保守派是介于正统派与改革派之间的温和派别，既坚持犹太教律法和传统礼仪，又赞同律法具有可变性和灵活性。

其三，经济社会地位不同。因早期移民多来自中东欧，西方犹太人在以色列自然成为国家的精英和领导阶层，如历任总理几乎都是东欧移民或具有东欧血统。长期以来，以色列政府、议会、军队、犹太人协会、以色列总工会等权力机构基本上都掌握在西方犹太人手中。东方犹太人和塞法拉迪人虽占多数，但在权力机构的代表一直较少。受教育程度差别也很明显，东方犹太人和塞法拉迪人接受高等教育的比例远低于西方犹太人，由此导致就业和收入方面的差距。公务员等白领多为西方犹太人，而建筑工、清洁工等蓝领则多为东方犹太人。

其四，文化上的差异。作为犹太复国主义先驱和以色列国的缔造者，西方犹太人先入为主，建立了现代、先进的西方文明体系，并试图对落后、原始的东方犹太人和塞法拉迪人进行教育和改造。这使得东方犹太人和塞法拉迪人普遍感觉以色列要建立的并非一个多元、平等的犹太社会，而是要用一个模具塑造一个西方社会。

种种差异引发族群之间的摩擦和矛盾不断，东方犹太人和塞法拉迪人对政治上无权、经济上落后、文化上受压制的"二等公民"地位深感不满，曾通过请愿、静坐、示威抗议等形式表达和发泄。20世纪70年代，一些东方犹太青年模仿美国黑人，组建了一个黑豹党，在街头挑衅滋事，与政府对抗。2015年，一名埃塞俄比亚裔犹太士兵遭其他士兵殴打的视频引发大规模示威抗议活动，演变成一场严重的骚乱。

为了缩小族群差别、化解日益加剧的社会矛盾，以色列政府在经济、政治、教育和文化等方面采取了一系列措施，如在经济、教育方面对东方犹太人和塞法拉迪人实施优惠政策，努力在不同程度上保留各族群的文化特性等。随着接受高等教育的东方犹太人和塞法拉迪人人数增加，以色列社会出现了一个新的群体——新东方犹太人，其成员多为教育家、作家、学者、记者等。他们批判西方犹太人占主导地位的社会政治、经济和文化结构，呼吁改革。然而，社会融合是一项错综复杂、曲折漫长的系统工程。西方文化占主流和主导地位的现状还将在相当长的时期内继续存在。

## 第二节　宗教对世俗生活的干预

以色列建国后，随着犹太人在以色列的比例日益增加，犹太教已处于国教地位。尽管犹太复国主义鼻祖西奥多·赫茨尔设想的以色列国是一个世俗国家，但它一直受到宗教力量的严重干预。造成这一局面的主要原因是：以色列的民主体制，特别是议会选举采取的比例代表制，给犹太宗教势力提供了成为政治力量的机会，以及超出其实际力量的发言权；犹太教的政治代表——宗教政党凭借在政府中的特殊地位，对政府的政策施加影响。

在以色列，正统派犹太教徒和部分处于社会下层的东方犹太人及塞法拉迪人是宗教政党的忠实选民，其数量及投票倾向都相对稳定。所以每次举行选举，各宗教政党都能在议会中获得一定数量的席位，从而成为以色列政坛上一支稳定的政治力量。

以色列的基本政治格局是：议会议席分布过于分散，工党和利库德集团均从未能获得议会50%以上的席位，无力单独组阁，必须争取其他小党的支持，组成多党联合政府。由于宗教政党的政治、经济、宗教纲领及在议会所占席位都相对稳定，其政治要求较之其他世俗政党也容易满足，以色列历届政府一般都愿意吸纳宗教政党。加之近年来宗教政党的势力不断上升，其有能力且有机会直接干预政治，甚至在两大集团势均力敌、相持不下之时起到四两拨千斤的特殊作用。经过长期分化组合，属于正教运动体系的沙斯党、希伯来圣经犹太教联盟和全国宗教党在以色列的政治生活中的作用和影响最为明显。

由宗教问题引发的冲突背后，都隐藏着经济、政治利益的冲突，凡是以维护宗教信仰面目出现的社会或政治活动，都是一定利益集团使然，其背后总是隐藏着一定阶级、阶层或社会集团的政治和经济利益。以色列宗教政党与政府及其他党派争执，大多是为了争取本党及选民的利益。沙斯党因其经营的宗教学校经费不足，极力争取增加教育拨款；以色列全国宗教党选民乃至议员很多是定居者，故在领土问题上态度强硬。围绕宗教问题的争执往往造成政局不稳。据统计，1949—1979年，以色列共发生了106次内阁危机。其中因宗教问题引发的危机就有35次，几乎占了总数的1/3。

围绕宗教问题进行的斗争甚至可直接导致政府倒台。1976年年底，时任总理拉宾在某空军基地主持仪式，迎接一批新型美式战斗机。因恰逢安息日，宗教政党以亵渎安息日为由在议会上对政府提出不信任案，迫使拉宾政府辞职。由此可以看出，宗教政党在以色列政治生活中的作用不可小视。事实上，自1992年以来，随着宗教政党势力的不断上升，拉宾、内塔尼亚胡、巴拉克和沙龙等领导的几届政府在制定对国内外重大问题的决策时，大都受到宗教政党的牵制。

1993年6月，梅雷兹党主席、时任教育部部长的舒拉米特·阿洛尼谴责宗教干预社会生活，引起沙斯党的强烈不满。沙斯党以退出联合政府相要挟，威逼总理拉宾撤销阿洛尼的教育部部长之职。当时拉宾政府在议会中所占席位为62席，若拥有6个议席的沙斯党退出，将面临倒台的危险，而梅雷兹党则是工党的忠实支持者。拉宾在两难之间权衡再三，最终还是决定劝说阿洛尼辞职，以保证政府继续推行和平政策。

1996年年中，内塔尼亚胡在参加总理竞选时，犹太教界正统派德高望重的拉扎尔·沙赫大拉比号召正统派教徒投票支持内塔尼亚胡，为其最终获胜助了一臂之力。1998年10月，内塔尼亚胡政府在与巴方签署关于以色列军队撤出约旦河西岸部分领土的《怀伊协议》后，受到来自以全国宗教党为代表的右翼势力的沉重压力，被迫中止执行此协议，并最终导致议会解散，提前举行大选。

巴拉克政府受到宗教政党严重掣肘。沙斯党和梅雷兹党在宗教问题上素有龃龉，巴拉克政府上台后，沙斯党要求教育部向该党增拨教育经费，遭到梅雷兹党领导人教育部部长萨里德断然拒绝。沙斯党对巴拉克在解决教育经费问题上没有向萨里德施压心怀不满。与此同时，全国宗教党坚决反对巴拉克政府将耶路撒冷附近的巴勒斯坦村庄移交给巴方以及将戈兰高地归还叙利亚的政策。两党为实现各自的利益和目标，都伺机向巴拉克发难。2000年6月7日，反对党利库德集团向议会提交了解散议会、提前选举的议案。沙斯党的17名议员和全国宗教党的5名议员均投了赞成票，使议案得以在议会预读通过，迫使巴拉克不得不答应为沙斯党增拨教育经费，同时暂缓履行与巴方签署的有关协议。同年7月，就在戴维营三方首脑会晤期间，全国宗教党和沙斯党指责巴拉克"将出卖国家和犹太定居者的利益"，与移民中的以色列党相继退出联合政府，使巴拉克政府在议会中的席位由68席降至42席。

沙龙政府中宗教政党的地位举足轻重。2001年3月，沙斯党和希伯来圣经犹太教联盟加入以沙龙为首的联合政府。沙斯党凭借其议会第三大党的有利地位，独揽内政部、宗教事务部、劳动及社会事务部、耶路撒冷事务部及卫生部等5个部长职务，权力范围明显扩大，且不失时机地利用其在政府中的权势为本党谋利益。2001年12月上旬，沙斯党的宗教事务部部长阿什尔·奥哈纳警告说，如果政府不在2002年财政预算中增加对宗教事务部及宗教学校的拨款，沙斯党将投票反对预算案。2004年6月，沙龙提出撤出加沙地带的单边行动计划，全国宗教党坚决反对并因此退出，使沙龙政府在议会中的席位降至55席，面临倒台危险。

在社会生活领域，围绕正统派犹太教人士工作和服兵役以及安息日等问题，世俗力量与宗教势力的矛盾十分突出。在以色列，服兵役是全体公民的义务，凡年满18岁的适龄男女青年均须在以色列国防军服2~3年的兵役。然而长期以来，约占人口10%的极端正统派犹太教徒既不参加工作，也拒绝服兵役，成为完全依赖纳税人的钱生活的寄生阶层，招致社会各界普遍不满。以色列政府试图通过立法等手段取消正统派犹太教徒免服兵役的特权，但屡遭强烈抵制。2014年3月2日，为抗议即将提交以色列议会投票表决的《宗教学校学生征兵法》，数十万极端正统派教徒走上耶路撒冷街头示威抗议，造成城市主干道的交通严重堵塞。

## 第三节　以色列籍阿拉伯人

生活在以色列境内的阿拉伯人拥有以色列国籍，是以色列社会中一个极为特殊的群体。1948年以色列建国后，第一次中东战争爆发，原居住在巴勒斯坦的大批阿拉伯人纷纷逃离家园，流落他乡。但同时也有一些人留了下来。在1949年中东战争结束时，以色列境内原有的75万巴勒斯坦阿拉伯人只剩15.6万，占当时以色列人口的11%。他们后来都获得了以色列国籍。如今，以色列籍阿拉伯人口已达179.6万，占以色列人口总数的20.8%。

在以色列一些人看来，以色列籍阿拉伯人是排在西方犹太人、东方犹太人、塞法拉迪人之后的"三等公民"。由于以色列是犹太国家，阿拉伯人只能作为一个少数民族存在。在经济上，以色列政府坚持奉行以发展犹太人经济为主的方针，对阿拉伯人采取歧视政策：没收外逃阿拉伯人的土地，并根据国家安全需要随意征用阿拉伯人土地；政府在市政建设、基础设施投资等方面均向犹太村镇倾斜。由于土地多被没收，阿拉伯人不得不为犹太人打工，主要从事建筑业、服务业等犹太人不愿干的低级行业。此外，以色列政府还对阿拉伯人采取分而治之的政策，将他们统称为"非犹太人"，按宗教信仰或按地域加以区分。以色列法律规定，任何公民都必须服兵役才能享受社会福利等经济权利，而以色列籍阿拉伯人没有参军权利，也就无法在就业、升学、医疗保险、社会保障等方面得到平等的待遇。

在社会生活方面，由于犹阿两大民族在宗教、语言、风俗习惯、心理、历史等方面的差异，以色列籍阿拉伯人的社会生活相当孤立。他们聚居在自己的地区，拥有自己的学校、商业服务体系和宗教机构，基本上仍保持着自己传统的生活方式。他们白天到犹太人那里去做工，晚上又回到自己的世界，说阿拉伯语，做礼拜，过伊斯兰节日，收听阿拉伯邻国的广播或收看以色列电视台的阿语节目。另外，由于阿以双方长期对抗，以色列的阿拉伯人和犹太人还彼此保持着强烈的戒备之心。以色列政府将境内的阿拉伯人视为对以色列安全构成潜在威胁的"第五纵队"，长期对阿拉伯人聚居区进行军事管制，限制他们的行动自由。

在政治方面，以色列籍阿拉伯人有选举权。根据以色列的比例代表制，约占以色列总人口 1/5 的阿拉伯人应在议会中拥有 20 多个席位，但实际上，多年来阿拉伯议员从未超过 10 个，直至 2001 年，在以色列当选总理沙龙组成的新一届政府中，工党推选的阿拉伯裔议员萨拉赫·塔里夫当选为内阁不管部部长，成为以色列建国以来第一位进入以色列内阁、出任政府部长的以色列籍阿拉伯人。究其原因：一是阿拉伯人长期以来虽安分守己，但在社会经济各方面仍难获平等对待，因而许多人对参政有一种抵触情绪；二是阿拉伯人的选票分散，使许多小党无法进入议会。因此，阿拉伯人的政治影响十分有限。

以色列籍阿拉伯人除了在以色列国内受到不公正对待外，还有着更深一层的痛苦，即与整个阿拉伯世界的隔绝。在阿以全面对抗时期，由于他们是以色列公民，拿的是以色列护照，因而不能到其他阿拉伯国家去。他们虽身为穆斯林，却不能到伊斯兰教的圣地麦加去朝觐，无法履行自己的宗教义务。直到 1978 年以色列与埃及签署和平协议后，上述禁令才得以解除。然而，即便他们到了其他阿拉伯国家，也常常无端地遭到怀疑。

以色列籍阿拉伯人与被占领土（约旦河西岸和加沙地带）的巴勒斯坦阿拉伯人（统称巴勒斯坦人）之间也存在隔阂。他们原本是生活在一起的骨肉同胞，1948 年第一次中东战争将他们分开。近 20 年后，以色列通过 1967 年"六五"战争占领了约旦河西岸和加沙，他们之间才恢复了来往。不少以色列籍阿拉伯人到约旦河西岸和加沙工作、投资和承包工程，被占领土的巴勒斯坦人也进入以色列打工。然而，此时双方身份已经改变：一方是拥有以色列国籍的合法公民，另一方则是处于以色列军事管制下的无国籍居民和难民。因此，双方在心理上的微妙变化使他们之间产生了难以弥合的鸿沟。以色列籍阿拉伯人因长期生活在以色列，受到犹太人生活方式和思想观念潜移默化的影响，使他们对以色列的认同感明显增加，这与被占领土的巴勒斯坦人对以色列的仇恨形成强烈反差。

对于巴以和谈及未来的巴勒斯坦国，以色列籍阿拉伯人的感情十分复杂。一方面，他们希望巴以签署和平协议，也期盼一个独立的巴勒斯坦国早日诞生，无论如何，他们与巴勒斯坦人毕竟有血浓于水的关系，巴勒斯坦国可以成为他们的祖国和依靠；但另一方面，与巴勒斯坦人乃至中东其他阿拉伯国家相比，以色列籍阿拉伯人的生活水平要高得多，享有的政治权利也多得多。因此，他们当中大多数人并不情愿再去与穷兄弟们共患难。据统计，因在医疗、就业、养老、个人财产、言论、人身安全等方面均有保障，70%的以色列籍阿拉伯人并不愿脱离以色列。

　　20世纪末和21世纪初期，以色列籍阿拉伯人对以色列政治生活，特别是选举的影响有所上升，他们的选票甚至曾经一度成为工党能否上台的关键因素。1996年4月，佩雷斯政府迫于竞选压力，大规模轰炸黎巴嫩并造成大量平民伤亡，激怒了以色列籍阿拉伯人，致使佩雷斯在当年6月的大选中以微弱的劣势落败。1999年总理选举中，95.8%的阿拉伯选民投票支持巴拉克，从而为巴拉克以绝对优势获胜奠定了基础。2000年9月底，巴以爆发大规模流血冲突后，成千上万的以籍阿拉伯人走上街头，抗议以色列军队镇压巴勒斯坦人，与以色列军警发生冲突，有13人被打死，激起强烈愤慨。同年11月底，以色列议会就提前大选议案进行表决时，10名阿拉伯议员均投票赞成。为了确保以色列籍阿拉伯人的支持，巴拉克不仅公开道歉，而且同意成立一个调查团，负责调查冲突原因。此外，巴拉克还宣布在4年内拨款40亿谢克尔（约10亿美元），用于增加以色列籍阿拉伯人的教育投资、基础设施建设和收入。2001年2月以色列进行总理选举前，阿拉伯党派一致认为，举行选举的目的应当是促进巴勒斯坦问题的解决，使以巴双方实现公正和持久的和平。但是，无论是工党候选人巴拉克还是利库德集团候选人沙龙提出的和平方案，均不能令人满意。一名以色列籍阿拉伯人在表明他对选举的态度时说："不管是黑狗还是白狗，都一样是狗。"据统计，由于大多数以色列籍阿拉伯人抵制，2001年2月6日举行的以色列总理选举投票率仅为62%，为建国以来的最低纪录，这成为工党败选的重要因素之一。

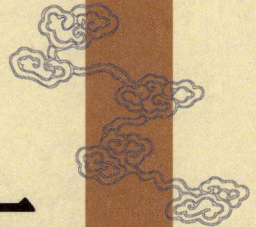

下篇

# 第九章　以色列与"一带一路"

第一节 以色列独特的战略地位

以色列国小能量大，是中东唯一的发达国家，高科技水平和创新能力位居世界前列；是中东乃至世界军事和情报强国，对地区安全兼具有建设性和破坏性双重作用；是阿以冲突的重要当事方，在中东和平进程中的作用举足轻重。在"一带一路"沿线国家中，以色列也具有独特的战略地位。

## 一、"一带一路"的地缘节点

以色列毗邻两海（地中海和红海），是亚洲、非洲、欧洲三大洲结合处，位于通过苏伊士湾连接印度洋与地中海的节点。自古以来，以色列所在巴勒斯坦地区就是兵家必争之地。历史上，耶路撒冷曾是古代陆上丝绸之路的途经站点。

以色列国土狭长，西北地中海沿岸的海法—特拉维夫—阿什杜德一线，是其经济中心和人口最为集中的地区。濒临红海的埃拉特港位于以色列国土的最南端，从这里到特拉维夫的交通不是很方便。早在20世纪70—80年代，以色列就曾考虑修建一条连接特拉维夫和埃拉特的铁路，但出于资金、技术等原因一直未能实现。

进入21世纪后，以色列政府正式将"红海—地中海高铁"项目纳入经济发展规划，即建设一条连接埃拉特港和阿什杜德港的铁路。这条铁路全长约350千米，需架设总长度4.5千米的63座桥梁，开凿总长度9.5千米的5座隧道，总预算为80亿~130亿美元，工期预计为5~6年。2012年2月5日，以色列内阁正式通过了这一计划。

对以色列来讲，这条铁路具有相当重要的战略价值，将使从印度洋船运的货物先运抵埃拉特港，然后通过陆路运送到阿什杜德港或海法港，可大大缩短运输时间。铁路建成后，从特拉维夫至埃拉特的行程只需2小时。另外，近年来埃及局势动荡，军队力有不逮，西奈半岛成为极端组织活跃的地区，安全风险大大增加。2013年8月，一艘中国货船在途经苏伊士运河时，遭到流弹攻击。因此，这条铁路还能起到避免途经苏伊士运河安全风险的作用。作为一条连接两海（地中海和红海）、贯通欧亚大陆的陆上通道，"红海—地中海高铁"可以被称为"陆上的苏伊士运河"。这条铁路建成后，将使以色列成为"海上丝绸之路"上的重要站点。

## ❖ 二、"一带一路"的安全定点

以色列建国后，先后与阿拉伯国家打了五次大规模局部战争，阿以冲突成为中东战乱频仍的"暴风眼"。然而，从20世纪80年代的两伊战争，到20世纪90年代初的海湾战争，再到21世纪初的阿富汗战争和伊拉克战争，中东的战乱热点从阿以冲突转移。特别是2010年年底"阿拉伯之春"爆发以来，叙利亚、伊拉克、利比亚和也门成为中东四大战场。相形之下，以色列基本上没有受到影响，成为动荡中东的"稳定岛"。以色列前总理巴拉克将其形容为"在中东荆棘丛中的一幢现代、繁荣的别墅"。

以色列之所以能够保持相对稳定，其诀窍在于：

一是以色列从建国伊始，便建立并发展了较为完善的西式民主政治体系，即通过比例代表制的公开选举，使社会不同群体、各个阶层均有机会参政议政，政治和经济诉求获得表达渠道和不同程度的满足，从而在一定程度上缓解了社会矛盾，实现了权利的相对平衡，使政权获得了较为稳定的政治合法性。

以色列是一个法制较为健全的国家，实行司法独立，特别是监督体系较为完备。监察机构有权对从总统、总理到各部部长、议会议员等各级官员实施法律监督，一旦发现有贪污、腐败等违法行为，便可对当事人启动并实施审查、起诉等法律程序。这样，以色列建立起一个有法必依、违法必究的法律体系，为维护公民权利提供了法律保障。

二是经济发展平稳。与海湾阿拉伯国家等能源依赖型的经济发展模式迥然不同，以色列作为资源、面积、人口三少的小国，凭借先进的教育理念和体系、由义务兵役制衍生出的企业文化以及独树一帜的创新机制，造就了世界领先的高科技，使其经济发展充满活力。作为中东地区唯一的发达国家，以色列拥有相当完善的一整套社会福利、公共医疗、养老保障体系，为国计民生保驾护航。作为号称世界"富人俱乐部"的经济合作与发展组织（OECD）成员，以色列在经济和贸易领域与欧美等世界发达国家和地区高度接轨，在吸引外资方面具有得天独厚的条件。有数据显示，在"一带一路"沿线国家中，以色列的投资运营风险低于沿线国家的平均值。

三是军事力量强大。以色列号称中东地区头号军事强国。以色列国防军是中东地区装备最好、素质最高、战斗力最强的武装力量，曾在历次中东战争中创造了辉煌战绩。以色列武装力量由正规部队、预备役部队和准军事部队组成，兵力强大，装备先进。通过与美国合作研发，以色列还拥有世界领先的导弹防御系统。不仅如此，以色列还是中东唯一拥有核打击力量的国家，无形中增加了其军事威慑力。

如今，以色列的军事力量在中东首屈一指，对地区其他国家形成压倒性优势，面临大规模军事入侵的可能性不大。换言之，以色列国家安全已基本上得到保障。

## ✿ 三、"一带一路"的经贸站点

在中东，以色列与埃及、约旦实现了关系正常化，消除了双边经贸关系发展的最大障碍。得益于此，以色列分别与埃及和约旦签署了合作协议，共同建立了联合工业园区。在以埃、以约工业园区中，有数百家以色列公司，雇用大量阿拉伯劳工和承包商，通过劳动密集型生产运营和低端技术的应用，从事卓有成效的生产活动，同时创造大量的就业机会。2003年以约工业园区内的2.6万名雇员中，57%是约旦人。以色列还成功地将上述工业园区的建设与以美经贸合作挂钩。2008年签署的"美以自由贸易区落实计划"，将以埃、以约工业园区列为经济特区，可享受以美间的商品贸易优惠待遇。一方面，工业园区生产的产品可免除贸易壁垒直接出口到美国，从而使埃及、约旦企业生产的商品获得免税出口的重要渠道；另一方面，美国、以色列、埃及、约旦四国商品进入该特区也可免交关税。值得注意的是，工业园区内企业对成套设备和零配件的进口依赖程度很高，这为中国相关企业提供了商业机会。

除埃及和约旦外，以色列还有机会与其他一些地区内的国家开展经贸、安全合作。据称，以色列的商人已参与海湾阿拉伯国家的经济活动，一些以色列商品也输往这些阿拉伯国家的市场，以色列高官应邀参加在阿拉伯联合酋长国举办的世界能源大会等国际性会议。甚至有报道称，一些阿拉伯国家的患者专门前往以色列，接受先进的医疗服务。另外，以色列与土耳其有着传统经济、军事关系。两国在经历了2010年袭船事件的波折后，2016年6月决定恢复正常的外交关系，并拟在天然气开发与共建运输管道等领域加强合作。

在安全领域，自2010年中东局势急剧动荡以来，以色列与沙特阿拉伯等海湾阿拉伯国家在中东的共同利益增多，特别是面临的共同威胁增加，即伊朗发展核武器和恐怖主义，为双方相互接近增加了动力。实际上，以色列已经与海湾阿拉伯国家建立了秘而不宣的合作关系。如围绕恐怖主义威胁和伊朗在中东地区的活动，以色列与沙特阿拉伯交换相关信息和情报。以沙两国高官的非正式会晤已从秘密逐步转向公开。2016年7月，沙特阿拉伯退役将军以斯奇率代表团访问以色列时表示，沙特阿拉伯愿与以色列建立多领域的合作，甚至包括重要的情报交换和技术交流。以色列与阿拉伯国家关系改善，有助于"一带一路"倡议在中东地区的实施。

## 第二节　　以色列如何看待"一带一路"

"一带一路"是"丝绸之路经济带"和"21世纪海上丝绸之路"的简称，中国国家主席习近平分别于2013年9月和10月提出建设"丝绸之路经济带"和"21世纪海上丝绸之路"的合作倡议。中国与"一带一路"沿线国家合作的重点包括：通过基础设施项目的建设，加强陆、海交通及能源通道的运输能力，构建能源网络，建设跨国和跨洲的光缆；在贸易方面，消除投资和贸易壁垒，建立贸易和相互投资区域；在农业、海水淡化和可再生能源等领域深化合作；在金融方面，中方建议在双边贸易中使用本国货币，开放并发展亚洲债券市场，扩大金融机构。

## 一、"一带一路"倡议为以色列提供机遇

以色列并非中国"一带一路"倡议的主要目标国。然而，以色列有能力帮助中国有效地实施"一带一路"倡议。尽管中国已成为世界第二大经济体，且人力资源丰富，但其经济发展仍亟须技术的升级。作为创新国度，以色列先进的科学技术可为中国的经济发展提供强有力的支持。实际上，中以科技合作已卓有成效。例如，山东省寿光市作为两国合作建设的"水城市"，引进以色列的水务管理技术，并将其广泛应用在市政、农业以及工业等领域的水务基础设施中。类似的合作在中国西北部地区更受欢迎。例如，为缩小东、西部之间的经济差距，促进新疆维吾尔自治区等西部地区的稳定，中国政府制定了西部大开发战略，一直在想方设法促进该地区的经济发展，如调集东部经济发达地区人力、物力等 对口支援新疆等地。在农业、水务、可再生能源等领域引进以色列的先进技术，可有效地帮助中国实现西部大开发的目标。

当前，中国正大力推广"互联网+"项目，旨在通过扩大电子基础设施，整合计算机和通信等，实现传统工业的转型和升级，由光纤网络转向卫星通信，从而加强在广大农村等偏远地区的信息传递和流通。在这方面，以色列的高科技公司可为中国提供更多技术支持，具体而言，可帮助中国的相关企业和机构掌握现代化的操作程序，增强其在诸多领域（如机器人开发等）的研发能力，提高经营业绩。

在基础设施建设方面，以色列也十分看好与中方的合作前景。2015年9月11日，以色列外交部东北亚司司长沙格瑞在接受中方媒体采访时表示，以色列90%以上的对外贸易依靠海运实现，但目前以色列海港的基础设施相对落后，亟须升级改造。在这方面，中国公司有着很好的技术与建设经验。以色列30%的外国投资来自中国，这一比例还在不断扩大。中国公司对以色列市场表现出了积极的投资与合作意愿。中国提出的"一带一路"倡议将为两国政府、民众和社会团体之间创造更多的合作机会。以色列交通部部长卡茨对"一带一路"倡

议给予高度评价，称其有助于改善区域基础设施，从而促进区域经济发展。以阿什杜德港、海法港等为代表的港口建设，成为中以基础设施建设合作领域中的亮点。

　　"一带一路"倡议是中国为促进亚洲乃至整个世界的发展做出的巨大努力，为以色列提供了机遇。"一带一路"倡议邀请包括以色列在内的所有相关国家参加，这对以色列而言，将产生巨大的经济发展效应。以色列可以成为很多项目工程的主要贡献者，众多的以色列企业将有望获得进入开放的亚洲市场的机会。

## ✿ 二、以色列加入亚洲基础设施投资银行（"亚投行"）意义重大

　　在当前世界经济主要受国际货币基金组织和世界银行影响的背景下，中国牵头建立亚投行之举，势必加大中国在国际经济中的作用，并加强中国在亚洲的软实力。对以色列而言，美国无疑是其重要盟友，但以色列也重视中国作为其主要贸易伙伴的重要地位。2015年3月31日，以色列总理内塔尼亚胡以财政部部长的名义，签署了加入亚投行的申请函，引起美国不满。以色列不顾美国反对，执意做出加入亚投行的决定，一方面表明亚洲，尤其是中国对以色列经济的影响日益扩大，以方认识到其承担不起被排除在亚洲经济崛起之外的代价；另一方面也预示着以色列进入与亚洲改善关系的新阶段。通过加入亚投行，以色列不仅在政治上得分，而且在经济上赢得潜在的收益。具体来讲，以色列将通过亚投行启动在亚洲的项目，并且在项目实施过程中，协助以色列企业加强与其他亚洲国家的联系与合作。在亚洲开发银行，以色列的成员国身份遭到隶属伊斯兰合作组织的亚洲国家反对，拒绝给予以色列该组织提供给成员国的商业机会。加入亚投行后，不仅可使以色列的上述损失得到补偿，而且可以为以色列与伊斯兰国家接触和建立经贸联系提供机会。例如，"一带一路"建设可在中亚地区（均为伊斯兰国家）以及土耳其等中东国家推动经济合作，从而可使以色列有机会发挥自身的经济优势，并改善其与上述国家的关系。

## ❖ 三、以色列对"一带一路"倡议也不无担忧

在以色列国内，有一部分精英人士对以色列参与"一带一路"建设心存疑虑。以色列著名智库国家安全研究所的高级研究员奥戴德·埃兰和兹维·摩根在《以色列战略调查2015—2016》一书中指出，尽管中以经济合作成就斐然，但不能忽视双方互利方面的失衡现象。具体而言，中国企业进入以色列市场相对容易，以色列公司要进入中国市场则面临经济与文化的双重障碍。一些以色列政府官员对中国的中东政策不满。他们怀疑中国加大对以色列的投资"另有企图"，并认为中以关系的发展不能影响以美的政治与军事关系。同时，一些以色列人认为，中国在技术、创新等方面往往不遵守相关的国际版权和专利法等条款，有可能在投资合作中使以色列的知识产权遭受侵犯。

中国企业对以色列的投资与日俱增，引发以色列国内有些人对中国"资本入侵"的担忧。中以投资合作问题在以色列国内引发争议，即是否有必要任由中国收购以色列的公司以及是否给予中国企业在以色列建设铁路和港口的机会等。一些以色列精英人士担心，中国对以色列的投资范围不断扩大，会使涉及以色列国计民生的战略资产陷入受控于他人的危险境地。例如，中国光明食品（集团）有限公司收购以色列最大的食品公司特努瓦之举，在以色列国内引起广泛争议，甚至遭到某些机构和群体的强烈抗议。以色列议会下属的经济委员会专门就此召开专题讨论会，并号召以色列的公司停止向中国出售股份。以色列情报机构摩萨德前局长哈列维称："以色列应当清醒地意识到已深陷战略资产被外国力量掌控的危机。"以色列国家安全研究所于2015年4月发行专刊，呼吁政府建立相关的监查机制，对中国在战略、外交、经济和技术等领域对以色列的投资活动进行彻查，并针对有可能对以色列构成威胁的安全漏洞制订相关的解决方案，防患于未然，减轻民众担忧。

# 第十章　中犹交往源远流长

从历史上看，中华文明与犹太文明是世界最古老现存文明的代表。中华民族和犹太民族分别位于亚洲东、西两端，形成拥有悠久历史和灿烂文化遗产的两大文明体系：一端是中国，在华夏的国土上形成绵延数千年的悠久历史；另一端是以色列，犹太人在千年流散、历经磨难后重返故土，依然顽强地保持着民族、宗教和文化一脉相承的延续性。两大民族虽相隔万里，但早已相互认知，彼此交往的历史可谓源远流长。这也是两国在"一带一路"倡议框架下加强合作的人文基础。

## 第一节　两个民族的历史渊源

犹太人对中国的认知是以丝绸为开端的。据犹太教经典《希伯来圣经》的记载，早在先知以西结（公元前6世纪时期的先知）时代，犹太人就已经知道丝绸。在相当于中国古代儒家经典《论语》的犹太圣贤书《塔木德》文献与拉比文献中，也有丝绸在古代犹太人中深受欢迎的记载。公元前3世纪，安息帝国的犹太人就已经到达丝绸之路的要冲——中亚河中地区。张骞出使西域打通了陆上交通线，安息犹太人开始了大规模的丝绸贸易。这一时期，罗马帝国的犹太人在经营成品丝绸的同时，也从安息购买中国的生丝，在当地作坊进行纺织印染之后，再加以出售。

犹太民族与中华民族的最早交往可以追溯到唐代，当时的犹太人就曾沿着丝绸之路进入中国。1840年鸦片战争后，在中国上海出现塞法拉迪犹太商人社团。20世纪初，大批俄国犹太难民逃到中国，在上海、哈尔滨等地安家落户，形成近代史上犹太人移民中国的一次高潮。在第二次世界大战期间，上海收容了4万~5万遭纳粹德国法西斯迫害的犹太难民，并使他们在当地安居乐业。特别值得一提的是，与在东欧和苏联等地的犹太人的境遇不同，这些在中国避难的犹太人不必像在那些具有反犹倾向的国家那样，被迫变更其犹太姓名或隐瞒犹太人的身份。20世纪40年代，一些犹太人还加入中国国籍，并参加中国的抗日战争，与中国军民一道抗击日本侵略者。

## 第二节　两个民族的相互认知

中华民族和犹太民族在文化传统方面有很多相似性，如崇尚教育、注重家庭伦理等，因而潜移默化地形成深层次的亲近感，也为彼此相互认知奠定了基础。

中国人对犹太人的认知是多方面的：

第一，中国传统文化本身就具有兼容并包、海纳百川的胸怀和气度。因此，中国人能够以宽容与温和的态度对待犹太人。在汉语中，植根于《希伯来圣经》的"犹太"一词没有任何消极内涵。

第二，中国人对犹太人产生同命相怜的感知。19世纪30年代，随着基督教传入中国和《希伯来圣经》被译成中文，中国人对犹太人的历史有了初步的了解，其中一个特有的印象是，犹太人与中国人一样，都曾受到西方白人的迫害和侵略。曾获得奥斯卡奖、反映犹太人惨遭纳粹屠杀的电影《辛德勒名单》令中国人印象深刻。出于遭受日本帝国主义侵略和杀害的相似经历，中国人对犹太人的悲惨遭遇深表同情。

第三，犹太人善于经商的才能对中国人产生吸引力。据早期（可追溯到1850年）有关犹太人的记载，当时的中国旅行家和学者游历西方国家并在其著述中提到犹太人，总体印象主要有：富有，有才能，尤其在商业领域表现突出，在美国的金融等领域拥有强大影响力。在中国人的心目中，犹太人具有超强的致富能力，值得尊敬和效仿。在对财富的追求方面，犹太人为中国人提供了可借鉴的经验，树立了学习的榜样。

第四，犹太人取得的巨大成就令中国人钦佩。中国人惊奇地发现，爱因斯坦、马克思和弗洛伊德等为西方文明做出卓越贡献的世界巨匠许多是犹太人。据统计，犹太人占世界人口比例不到0.25%，但诺贝尔奖获奖者中有24%是犹太人。

总人口仅上千万的犹太民族，之所以能对世界文明做出如此之大的贡献，其一大秘诀就在于他们历来重视教育。犹太人视教育为民族和个人立身之本，尤其注重智慧和能力的培养，而不仅仅拘泥于知识的积累。以色列的文化教育水平长期位居世界前列，在教育领域拥有许多"第一"，如平均每万人中教授、工程师和科学家的拥有量居世界第一，在国际学术杂志上发表论文的人均篇数居世界第一，教育经费占国民生产总值的比例居世界第一，人均读书量居世界第一，等等。对于同样重视教育的中国人而言，这无疑会引发强烈的共鸣。

第五，古老的犹太文明在以色列得以与时俱进，成功实现传统与现代的交融，既保留了作为民族纽带的犹太教，又造就了跻身西方发达国家行列的现代犹太国家，不禁令深受改革开放和全球化大潮冲击的中国人心驰神往。

同样，犹太人对中国的认识和感知也由来已久。以色列开国总理本–古里安深信，犹太人与中国人有"共同语言"。历史上，在犹太人面临大屠杀灭顶之灾的最为困难的时期，中国人民伸出援手，为大批犹太难民提供了避难所和新的家园。时任中国驻维也纳总领事的何凤山，向数千名犹太人发放了前往上海的"生命签证"，被誉为"中国的辛德勒"。对此，犹太人对中国永远心存感激。1950年1月，以色列在中东国家中率先承认刚成立不久的中华人民共和国。虽然出于种种原因，两国实现关系正常化错失良机，但以色列一直认为，中国将成为世界级大国，并孜孜以求，与中国开展合作。

# 第十一章　充满波折的建交历程

## 第一节　中以建交历程

　　中以两国建交历程大致可分为三个阶段：

　　第一阶段，从以色列承认中华人民共和国到万隆会议（1950—1955年）。1948年5月14日，以色列成立。以色列于1950年1月9日正式承认中华人民共和国政府为合法政府。同年1月16日，时任中国政务院总理兼外交部部长周恩来致电以色列外交部部长夏里特，感谢以色列对中国的外交承认，并表示希望两国建立外交关系，但未得到对方响应。其后，朝鲜战争爆发，两国建交事宜搁浅。1953年朝鲜战争结束后，两国通过各自驻缅甸的大使馆进行了接触。在中方的积极推动下，以色列贸易代表团于1955年1月31日访华。在正式会谈中，中方表示希望两国在发展贸易关系的同时，建立外交关系。但以方对此遮遮掩掩，避而不答，表明以色列政府尚未下定决心推动中以关系完全正常化，建交事宜被束之高阁。

　　第二阶段（1955年4月—20世纪70年代末）。1955年4月17日，亚非万隆会议在印度尼西亚召开，中国政府决定支持阿拉伯人在巴勒斯坦问题上的立场。在这种情况下，中以进一步发展关系已不可能。

　　第三阶段（20世纪80年代初—1992年）。20世纪80年代初，阿拉伯国家在摩洛哥的非斯召开阿拉伯国家首脑会议，表现出和平解决阿以冲突的意愿，中国对此表示支持，并认为"在以色列撤出1967年占领的阿拉伯领土和恢复巴勒斯坦人民民族生存权利的基础上，中东各国都有独立和生存的权利，包括以色列在内"。在此背景下，中以关系开始解冻并有所发展，双边军事、科技、商业、信息、学术和政治交流逐步增加。从1979年起，中国开始接待以色列非官方商业代表团，两国在经济与科技领域开展民间交往。1985年，中国正式恢复了同以色列的外交接触。1986年10月，中国政府代表与以色列总理办公室举行秘密会谈，探讨了中以建交的可能性。1987年3月，中国驻联合国代表李鹿野在纽约会见以色列驻联合国代表塔米尔，讨论中东和平问题及召开中东国际和平会议的可能性。同年9月，两国外交部部长在联合国大会首次举行会晤。1989年5月，以色列向中国派遣了代表官方的学术代表团，中国国际旅行社总社于同年8月在特拉维夫设立了办事处。以方于1990年6月在北京正式设立以色列科学和人文学院驻北京联络处。1991年11月，以色列国防部部长阿伦斯秘密访华。同年12月下旬，中国外交部副部长杨福昌访问以色列。1992年1月，以色列外交部部长利维抵达中国，与中国外交部部长钱其琛签署了两国建交公报。

## 第二节　建交的主要动因

对中国来讲，与以色列建交可在以下几个方面获益：

第一，可使中国更好地参与中东和平进程，增强在中东地区和国际舞台的影响力。1984年，中国政府提出设想，即通过召开由联合国安理会常任理事国参加的国际会议，和平解决阿以问题。但以色列方面坚称，中方若要参加这一国际会议，先决条件是必须承认以色列。换言之，中国如果想要实现在中东的总体目标，则需首先与以色列实现外交关系正常化。于是，一个"以承认换参与"的公式悄然形成，并对中以关系的发展产生深远影响。

第二，20世纪70年代末，中国实行改革开放政策，将经济建设作为一切工作的中心，这就需要同世界所有国家，尤其是经济、科技比较发达的国家建立正常的外交关系，以便通过加强国际经贸和科技合作，促进中国的经济发展。与以色列建交，无疑有助于促进中以在农业、高科技和军工等方面的合作，使中国能够有效地吸收和利用以方先进的科学技术，增强自身的综合国力。

第三，与以色列建交，有助于中国打开面向西方的大门。一是可通过以美战略盟友关系的桥梁，与美国犹太人建立联系，通向美国的资产；二是可利用以色列同欧洲国家签订的自由贸易协定，扩大对西方国家市场的出口。

对以色列而言，与中国建交则可促使作为联合国安理会五大常任理事国之一的中国转变其中东政策，减少对阿拉伯国家的政治、经济和军事支持，特别是减少对阿拉伯国家的武器出口，在阿以之间发挥建设性的平衡作用。同时，与中国建交还是结束以色列在亚洲孤立处境的开始，以及平衡以色列同世界上其余国家关系全面进展的一部分。另外，与中国建交还可使以色列赢得中国这个广阔的市场，缓解其因与中东大多数国家敌对而造成的对外经贸发展困局。

由此可见，中以建交符合两国的根本利益，已是大势所趋。尽管历经波折，中华民族与犹太民族终于以两国正式建交的形式在现代历史舞台上相会。

# 第十二章　中国对巴勒斯坦问题的政策

巴勒斯坦问题在过去半个多世纪一直是中东问题的核心，至今仍是制约阿以关系的重要因素。因此，巴勒斯坦问题是中国在阿以之间维持平衡、在中东推进"一带一路"倡议无法回避的问题。长期以来，中国一贯支持巴勒斯坦民族解放事业，但对巴勒斯坦问题总体奉行相对超脱政策，并未直接参与。随着中国在中东地区的海外利益不断扩展和影响力的提升，以及巴以形势的变化，中国正做出适当政策调整。因为以色列是巴勒斯坦问题的重要当事方，因此研究中以关系，离不开巴勒斯坦问题。中国对巴勒斯坦问题的政策的演变须放在国际和地区形势变化以及中国整体外交战略发展变化的大框架中解读。

## 第一节　历史上中国对巴勒斯坦政策的演变

### 一、中东战争时期中国的政策

从1948年以色列建国到20世纪80年代，阿拉伯国家与以色列之间围绕以色列生存权问题爆发了五次大规模战争，战争成为以巴勒斯坦问题为核心的地区局势的主旋律。在此期间，中国对巴勒斯坦问题的政策经历了由相对超脱、"一边倒"到相对平衡的转变。

（一）中华人民共和国成立初期，受朝鲜战争和台湾海峡局势紧张的影响，中国政府的主要任务是摆脱孤立状态、打破封锁

中华人民共和国成立初期，中国外交奉行向苏联"一边倒"的政策。受此影响，中国基本上也是以反帝、反封建为标准来处理与中东国家的关系。同时，在20世纪50年代初已取得独立的11个中东国家中，多数在政治、经济、文化和外交等方面仍深受英国、法国等欧洲国家的影响，并开始向战后崛起的美国靠拢，对中华人民共和国持疑惧和排斥态度。1950年8月，阿拉伯国家联盟通过决议，宣布反对恢复中华人民共和国在联合国的合法席位。

在这一时期，中国政府认为，阿以冲突的根源是英国、美国为争夺势力范围从中挑拨和操纵，联合国通过的巴勒斯坦分治决议基本上符合阿、犹两个民族的利益，因而在巴勒斯坦问题上并无倾向性。中国的中东政策主要受到与其切身安全利益密切相关的国际及周边环境的影响，对巴勒斯坦问题总体上采取中立、超脱政策。

朝鲜战争结束后，为打破美国等西方国家对华孤立和封锁的图谋，中国开始积极扩大外交范围。与此同时，中东国家反帝、反殖的民族解放运动风起云涌，成为中国获得外交突破的重点地区。巴勒斯坦问题成为中国中东外交的一个抓手。

（二）万隆会议是中国中东政策的一个"分水岭"

万隆会议后，中国对巴勒斯坦问题的政策"一边倒"的倾向越来越明显。1955年4月，在印度尼西亚万隆举行的首届亚非会议上，时任中国国务院总理周恩来与埃及总统纳赛尔、巴勒斯坦领导人舒凯里以及叙利亚、也门和沙特阿拉伯等阿拉伯国家的代表会晤，听取了他们对地区情况的介绍，对中东形势有了较为深入的认识，对阿拉伯各国反西方斗争有了进一步了解，意识到正在崛起的阿拉伯国家是第三世界可以倚重的巨大力量。为赢得阿拉伯国家的信任与支持，中国通过向有关方面做工作，使巴勒斯坦问题列入会议议程，并经会议讨论发表公报指出，鉴于巴勒斯坦问题所引起的中东紧张局势及其对世界和平构成的威胁，亚非会议宣布支持巴勒斯坦阿拉伯人民的权利，并要求落实联合国通过的相关各项决议和实现巴勒斯坦问题的和平解决。

1964年3月，巴勒斯坦主流派法塔赫（即巴勒斯坦民族解放运

动）领导人阿拉法特等应中国人民保卫世界和平委员会邀请首次访华。同期，中国亚非团结委员会等全国性人民团体举行群众大会，坚决支持巴勒斯坦人民和阿拉伯各国人民反对帝国主义的侵略和干涉以及恢复其合法权利的要求。1965 年 3 月，巴勒斯坦解放组织执行委员会主席舒凯里访华，与中共中央主席毛泽东、国家主席刘少奇、国务院总理周恩来和副总理陈毅会晤。中国亚非团结委员会专门召开群众大会，欢迎巴勒斯坦代表团并声援巴勒斯坦人民的反帝斗争。中国人民外交学会与巴勒斯坦解放组织执行委员会共同发表联合声明，称中方将尽一切努力，从政治等方面支持巴勒斯坦阿拉伯人民返回家园的斗争。双方一致同意让巴勒斯坦解放组织在北京设立享有外交机构待遇的办事处，以加强彼此间的合作。中方还承诺向巴勒斯坦解放组织提供一定数量的军事援助。

1968 年 7 月，在巴勒斯坦各组织达成统一协议、法塔赫进入巴勒斯坦解放组织并成为主力后，中国亚非团结委员会致电祝贺。在 1970 年约旦发生的"黑九月"事件中，中国明确支持巴勒斯坦解放组织自卫反击的斗争。

1971 年中国恢复在联合国的合法席位后，不失时机地在联合国对巴勒斯坦解放事业给予大力支持。首次出席第二十六届联合国大会的中方代表团团长乔冠华表示，中国政府和中国人民坚决支持巴勒斯坦人民和阿拉伯各国人民反对侵略的正义斗争，主张巴勒斯坦人民重返家园、谋求民族生存的正当权利必须得到恢复。1974 年 9 月，在第二十九届联合国大会上，根据中国等 47 个国家的共同提案通过决议，将巴勒斯坦问题列入大会议程，并首次邀请巴勒斯坦解放组织执行委员会主席阿拉法特出席并发言。1980 年 7 月，在联合国首次举办的讨论巴勒斯坦问题紧急特别会议上，中国外交部副部长何英表示，中国政府和人民始终不渝地支持阿拉伯各国人民和巴勒斯坦人民为收复失地、恢复民族权利进行的反帝、反霸、反对以色列侵略扩张的正义斗争，认为巴勒斯坦解放组织作为巴勒斯坦人民唯一的合法代表，理应参加中东问题的全面解决进程。

1982 年 6 月，以色列发动入侵黎巴嫩的战争，意在消灭驻黎巴嫩巴勒斯坦解放组织武装力量。对此，中方坚决支持巴勒斯坦人民和阿拉伯国家的立场。中国外交部发言人发表声明，谴责以色列当局的入侵行动，指出"中国政府和人民一贯支持巴勒斯坦人民和阿拉伯各国人民维护独立主权、恢复民族权利和收复失地的正义事业"。

纵览这一时期的中国对巴勒斯坦问题的政策，主要表现为：在历次中东战争中坚定支持阿拉伯国家一方，力挺巴勒斯坦解放组织。中方奉行这一政策的主要收获，就是与中东地区多个阿拉伯国家建立了外交关系。

（三）20世纪80年代初，阿拉伯国家对外政策发生变化，出现和平解决中东问题的势头，阿以关系趋于缓和

为适应形势变化，中国对巴勒斯坦问题的政策也做出相应调整。1982年9月，在摩洛哥非斯举行的第十二届阿拉伯国家首脑会议，通过"非斯方案"，提出和平解决中东问题的主要原则：以色列撤出于1967年占领的所有阿拉伯领土；巴勒斯坦人民在其唯一合法代表巴勒斯坦解放组织领导下，享有民族自决权；建立一个以耶路撒冷为首都、独立的巴勒斯坦国；联合国安理会保证这一地区各国的和平。该方案的重要意义在于，阿拉伯国家首次含蓄地承认了以色列的存在，为和平解决阿以冲突排除了一大障碍。1983年2月，巴勒斯坦解放组织全国委员会第十六次会议对上述原则给予肯定。对此，中国领导人在1985年会见到访的阿拉法特时称，中方支持巴勒斯坦阿拉伯人民通过包括政治谈判在内的一切方式实现自己的民族权利。同年12月，中国常驻联合国代表在联合国大会审议巴勒斯坦问题会议上发言称，中国认为通过和平方式是解决巴勒斯坦问题的最好办法。

1988年11月15日，巴勒斯坦解放组织在巴勒斯坦全国委员会第十九次特别会议上，宣布成立巴勒斯坦国。会议通过的《独立宣言》承认联合国大会181号决议[①]和安理会242号、338号决议，从而承认了以色列的存在。中国外交部于当年11月20日发表声明称，中国政府充分尊重巴勒斯坦人民所做出的选择，决定承认巴勒斯坦国。

---

① 1947年11月29日，联合国大会以33票赞成、13票反对、10票弃权的表决结果，通过关于巴勒斯坦分治的决议，规定英国于1948年8月1日前结束委任统治，并在委任统治结束两个月内，成立阿拉伯国和犹太国。

## 💠 二、巴以和谈时期中国的立场

从20世纪90年代初至21世纪前10年，巴以双方为解决巴勒斯坦问题展开旷日持久的和谈，谈判成为这一时期的主旋律。这一时期中国对巴勒斯坦问题的政策主要体现为支持巴以和平进程，反对暴力冲突。

冷战后，在美、苏两个超级大国由战略争夺转向协调合作，国际和地区安全总体缓和的大背景下，阿以双方均表现出和平解决争端的意愿。1991年10月，巴勒斯坦解放组织与约旦组成联合代表团，参加了美、苏共同主持的马德里中东和会。1993年9月，巴勒斯坦解放组织与以色列通过多次秘密谈判，达成《奥斯陆协议》，实现了中东和平进程的历史性突破。中国外交部发言人指出，该协议的签署是朝着中东地区实现全面、公正的和平，以及阿拉伯民族和犹太民族和睦相处迈出的重要一步，中方对此表示欢迎，对巴以领导人采取明智、务实的立场表示赞赏。协议签署后不久，中国国家主席江泽民在与到访的巴勒斯坦解放组织领导人阿拉法特会晤时指出，巴以相互承认和签署协议，是巴勒斯坦人民坚持长期斗争的结果，也是巴勒斯坦解放组织所奉行的灵活、务实的立场所取得的成果。

1997年12月，在巴以和谈陷入僵局之际，中国国务院副总理钱其琛在埃及开罗举行的记者招待会上称，中国对目前中东和平进程遇到困难、处于停滞状态深感关切，并提出中国政府的五点主张①。1998年7月，中国国家主席江泽民在会见到访的阿拉法特时强调，巴勒斯坦问题是中东问题的核心，中国认为，巴以之间达成的各项协议应得到切实执行。作为联合国安理会常任理事国，中国将与国际社会一

---

① （1）以联合国有关中东问题的各项决议为基础，遵循马德里和会确定的"以土地换和平"原则，将中东和谈进行下去；（2）认真履行已达成的各项协议，避免一切有碍中东和平进程的行动；（3）摒弃任何形式的恐怖主义和暴力行为，各国的安全和人民正常生活应得到充分保障；（4）随着和平进程的发展，加强地区经济合作，中东各国之间，包括阿拉伯各国与以色列之间逐步建立相互信任，消除敌意，实现共同发展与繁荣；（5）国际社会有责任同中东有关各方一道，为实现全面、持久的和平做出共同努力。

道，继续为中东和平进程做出努力。

2003年5月下旬，中国外交部发言人章启月答记者问时称，中方对以色列政府表示接受中东和平"路线图"计划表示欢迎，认为这是朝着实现巴以和平迈出的重要一步，希望巴以双方抓住当前有利时机，尽快恢复和谈，使该计划早日付诸实施。2006年11月27日，时任以色列总理奥尔默特公开发表讲话，表示将与巴方恢复谈判。中方对以方上述表态表示欢迎，对巴以双方为缓解紧张局势采取的一些积极举措表示赞赏，希望双方采取切实措施，建立互信，尽快恢复和谈。

2000年9月，巴勒斯坦爆发反以"阿克萨群众起义"，巴以冲突骤然升温。2001年"9·11"事件后，巴以低烈度冲突进一步加剧，且在其后数年内取代和谈成为巴以局势的主要特征。在这一时期，中国多持反对暴力冲突立场，主旨是希望巴以冲突尽快平息，主要集中在以下几个方面：

其一，对巴以军事冲突表示严重关注。2006年11月7日，就以色列对加沙地带发动代号"秋云"的军事行动并造成200多名巴勒斯坦人伤亡，中国外交部发言人姜瑜称，中方对此深表关切和忧虑。中方一贯主张通过和平谈判解决巴以争端，反对任何加剧地区紧张局势的做法，呼吁有关各方保持克制，避免形势进一步恶化。2008年3月3日，针对以色列对加沙地带实施突袭和地面攻击，造成严重人员伤亡和局势恶化，中国外交部发言人秦刚答记者问时称：中方表示严重关切，对由此对巴以和谈所造成的影响感到忧虑。中方呼吁以方立即停止军事行动，希望冲突双方保持克制，避免局势进一步恶化。

其二，对以色列破坏和谈的单方面行动表示反对。2001年4月，就以色列批准在约旦河西岸的两个犹太人定居点兴建708套住房，中国外交部发言人发表谈话称：犹太人定居点问题是巴以最终地位谈判中的敏感问题之一。在目前的形势下，以方的这一做法只会使巴勒斯坦问题更加复杂化。中方呼吁以方停止这一行动，为恢复巴以和谈创造良好气氛。2005年7月10日，以色列内阁会议决定，加速东耶路撒冷隔离墙的建设，中方声明反对以色列在巴勒斯坦被占领土上修建隔离墙的立场是一贯和明确的。中方认为，修建隔离墙将加剧巴以矛盾，不利于当前国际社会及有关各方所进行的促和努力。

其三，对针对平民的暴力行动予以谴责。2005年2月26日，以色列特拉维夫发生自杀式爆炸袭击事件，造成4人死亡，近60人受伤。中方强烈谴责这一针对无辜平民的暴力事件。另外，在2002年4月和7月，以色列境内发生数起自杀式爆炸事件，造成多名中国公民伤亡。中方对此深表遗憾，强烈谴责针对无辜平民的暴力活动，强烈呼吁巴以双方采取切实行动，积极配合国际社会的促和努力，停止暴力对抗，以免造成更多无辜平民伤亡。

## 第二节　新时期中国对巴勒斯坦政策的调整

21世纪初的"9·11"事件为中东局势的变化拉开了序幕。继军事打击阿富汗后，美国进一步扩大反恐战争范围，剑指伊拉克，并谋划借机对中东地区实施民主改造。与此同时，巴以冲突也愈演愈烈，双方以暴制暴的流血冲突形成恶性循环。为稳住巴以局势，美国推出"中东和平新计划"，强制巴勒斯坦民族权力机构搞改革，扶持亲美派上台。2002年2月，沙特阿拉伯王储阿卜杜拉推出"阿拉伯倡议"，主张以色列撤出其于1967年第三次中东战争中占领的所有阿拉伯领土，以换取与阿拉伯国家实现全面和平。伊拉克战争后，借推翻萨达姆政权的"东风"，中东问题"四方机制"（美国、欧盟、俄罗斯和联合国）正式公布中东和平"路线图"计划，大力推动中东和平进程。然而，该计划先天不足，巴勒斯坦内部分裂，以及以色列与哈马斯爆发军事冲突等，使巴以和谈进程一波三折，终陷僵局。

进入21世纪的第二个10年后，随着中东地区发生史无前例的变局，巴勒斯坦问题也出现新动向，主要体现为战争与和谈均退出舞台中心，冲突管控成为核心议题。巴以关系进入新阶段，表现出一些新特点。

第一，巴勒斯坦问题的地位和重心发生变化。自以色列于1948年建国后，巴勒斯坦问题成为中东地区战争与和平的决定性因素，是该地区最优先的核心议题和影响中东形势的主线，牵动着地区和国际关系的敏感神经。1979年，阿拉伯世界"领头羊"埃及打破坚冰与以色列媾和，阿拉伯国家无力再与以色列开战，中东的战与和不再取决于巴勒斯坦问题。2008年年末至2009年年初，巴以之间爆发大规模军事冲突，安全局势急剧恶化，谈判氛围遭到严重破坏，和谈走进死胡同。2010年，在美国的斡旋下，巴以先是进行了间接谈判，后进入直接谈判，但因以色列政府拒绝在犹太人定居点问题上让步，谈判的恢复成为昙花一现，双方终未能走出僵局。同年年底，中东地区爆发名为"阿拉伯之春"的剧烈动荡，开始了旷日持久的大变局，多个阿拉伯国家陷入内战，特别是沙特阿拉伯与伊朗所代表的伊斯兰教逊尼派和什叶派两大阵营角逐加剧，很快上升为地区的主要矛盾。由此，巴勒斯坦问题对中东政治和安全的重要性和迫切性下降，其作为中东政治、安全核心问题的地位也大幅下降。

根据1991年马德里和会确定的原则，应首先解决巴勒斯坦建国问题，然后推动巴勒斯坦人的生存问题得到一次性解决。据此，"两国方案"（即两个民族、两个国家）一直是巴以和谈的限定方针和最终目标。然而，2014年由美国主导的为期9个月的新一轮巴以和谈以失败告终，"两国方案"变得遥遥无期。与此同时，巴以各自政局也对和谈形成严重障碍。在以色列，右翼政党长期执政，连续三次当选总理的内塔尼亚胡对巴勒斯坦问题立场强硬、僵化，无意推动和谈。以色列总理内塔尼亚胡曾声称，在其任期内不会同意建立巴勒斯坦国，强调控制所有被占领土对以色列的安全至关重要。巴勒斯坦内部则发生严重分裂，形成分庭抗礼的两个政权，即占据加沙地带的哈马斯和控制约旦河西岸的法塔赫。主政的巴勒斯坦民族权力机构极度虚弱，无力进行和谈。巴以民众对"两国方案"的支持率均下降。越来越多的巴勒斯坦年轻人倾向于"一国方案"，即放弃建立巴勒斯坦国的要求，转而争取更多的公民和民主权利，将以色列变为"双民族国家"。由此，巴勒斯坦问题的重点不再是巴勒斯坦最终地位谈判，而是管控巴以冲突和缓解巴勒斯坦人的生存困境。保障被占领土（约旦河西岸和加沙地带）巴勒斯坦人的基本生存权和公民权，成为有关各方努力的主要方向。

第二，巴勒斯坦问题国际化日趋明显。巴以和谈期间，巴方将谈判作为建国的必经之路，得到以色列的承认是巴勒斯坦建国的前提。近年来，巴勒斯坦改变对以色列的斗争策略。巴勒斯坦方面加大单边行动力度，采取加入国际刑事法院等国际组织和公约，力推联合国安理会通过要求以方撤出被占领土相关决议，谋求国际社会对巴勒斯坦国家地位的承认。2010年巴以直接谈判再度失败后，巴方转向单方面争取国际社会对巴勒斯坦国的承认，以期借此迫使以色列认可，巴以斗争从双边谈判转向国际舞台。2011年11月，巴勒斯坦成为联合国教科文组织成员。2012年11月29日，联合国大会将巴勒斯坦观察员身份从"团体"改变为"非成员国"。2014年12月30日，巴方签署《罗马条约》等20个国际条约，成为国际刑事法院成员，并立即起诉以色列在2014年加沙冲突中犯下的"战争罪"。全球已有近140个国家承认巴勒斯坦国。巴勒斯坦问题国际化虽不能为巴勒斯坦建国带来实质性的成效，但有助于巴勒斯坦人博得国际社会更多的同情，使国际道义舆论的天平进一步向巴方倾斜。

第三，有关国家对以色列的政策发生变化。传统上讲，发展中国家是巴勒斯坦的坚定支持者，美欧等西方国家和地区则站在以色列一边。近年来，随着以色列政府持续右倾化，以及巴勒斯坦民众生存环境不断恶化，西方大国的立场也开始向巴方倾斜。国际社会普遍认为，以方的强硬政策使巴勒斯坦建国变得遥遥无期，将引发巴以间更加持久的危机。欧盟要求定居点产品必须标明产地，不可享受欧以自由贸易协定的优惠待遇。法国提议建立吸纳阿盟等加入的和谈新机制，并向联合国安理会提交决议草案，呼吁向耶路撒冷老城圣殿山派遣国际观察员。法国还酝酿在联合国安理会提交议案，要求以色列限期撤出被占领土。欧洲多国议会通过方案，要求本国政府承认巴勒斯坦国，瑞典政府已率先承认巴勒斯坦的国家地位。美国对以方扩建定居点等强硬政策也颇为不满，美以关系渐行渐远。2016年年底，联合国安理会就一些国家提出的反对以色列定居点政策的2334号决议草案进行投票表决，美国首次改变了以往投否决票庇护以色列的做法，投了弃权票。巴西拒绝以色列定居点委员会前主席担任驻巴大使。以色列在国际社会备受孤立。

中东进入大变局的乱世之秋，为中国在中东热点中发挥更大作用提供了新机遇。特别是在俄罗斯、欧盟等涉足中东势头上升的背景下，作为联合国安理会常任理事国，中国若继续游离于中东事务之外，显然与其日益上升的大国地位不相称。同时，中东国家对中国参与中东事务的期望值也不断上升。作为中国的传统朋友，阿拉伯国家纷纷呼吁中国在巴勒斯坦问题上发挥更大作用。以色列一直十分看重中国在国际社会中的特殊地位和影响力，也非常在意中国对巴勒斯坦问题的态度，希望中国能够对阿拉伯国家进行"说服"工作。随着经济快速发展带来的国力不断增强，中国的国家利益范围和影响力均逐渐扩大，加大对中东事务参与力度已呈"箭在弦上"的态势。据此，中国对中东外交也一改过去长期坚持的"韬光养晦"之略，向"有所作为"转变，从"以总体超脱为主、适当参与为辅"转向"以适当参与为主、总体超脱为辅"。与之相应，中国对巴勒斯坦问题的政策也由被动应对转向主动介入。

首先，中国连续派出中东问题特使，不断在巴勒斯坦问题上发声。2002年9月，中国政府成立了特使办公室，任命了第一个中东问题特使，主要职责是调解巴勒斯坦问题。这也是中国政府首次就某一国际热点问题设立特使。十多年来，中国中东问题特使已历经五任，均是对中东问题有长达数十年的研究和积累、见证了中国中东政策的嬗变和调整的资深外交官，能够在处理复杂的中东问题过程中游刃有余，同时准确传递中国的声音。五任特使先后多次前往中东地区访问和斡旋，同有关各方接触，参与双边和多边外交活动，传递各方的信息，在各种场合表达中国劝和促谈的立场和主张。自中东发生以剧烈动荡为主要特征的大变局之后，中国中东问题特使的职能也随之有所拓展，在坚持围绕巴勒斯坦问题这一核心事务做工作的同时，对叙利亚危机、伊拉克战乱等其他中东热点积极介入，出访中东的次数也更加频繁。

其次，中国对巴勒斯坦问题的介入更具主动性和建设性。

一是主动提出"中国式"主张。2007年11月，时任中国外交部部长杨洁篪在代表中国政府参加在美国举办的安纳波利斯中东国际和平会议期间，提出五点主张，为解决巴以争端提出了较为全面、完整的设想。2013年5月，巴勒斯坦总统阿巴斯和以色列总理内塔尼亚胡在同一时间段相继访华，被视为中国在巴勒斯坦问题上发挥独特作用的典型外交案例。中国国家主席习近平在会见巴勒斯坦领导人时，不失时机地提出了中方关于解决巴勒斯坦问题的四点主张，既表明了中方劝和促谈的基本立场，也为巴勒斯坦问题的公正解决指明了方向。在2014年的巴以大规模军事冲突中，中国提出的解决方案获得埃及等中东大国和主要相关方的认可。

　　二是以政策文件形式宣示对巴勒斯坦问题的原则立场。2016年1月13日，中国政府在其颁布的首个《中国对阿拉伯国家政策文件》中指出，中国支持中东和平进程，支持建立以1967年边界为基础、以东耶路撒冷为首都、享有完全主权的独立巴勒斯坦国，支持阿盟成员国为此做出的努力。

　　三是主动表达对巴勒斯坦问题的高度重视和积极推动解决的意愿。2016年1月21日，中国国家主席习近平在埃及首都开罗阿拉伯联盟总部发表讲话时，特别指出巴勒斯坦问题是中东和平的根源性问题，不应被边缘化，更不应该被世界遗忘，并阐明了中方"既要推动复谈、落实和约，也要主持公道、伸张正义"等立场，同时就政治上激活和谈进程，经济上推进重建进程发出有力呼吁，充分显示出中方对巴勒斯坦问题的高度重视。中国国家主席习近平还在演讲中提及"建立新的中东问题促和机制"等建设性倡议，表达了中国在新机制中发挥更大作用的意向。正如中国外交部部长王毅所言，中国持开放态度，如果中东问题"四方机制"希望中国参加，中国愿意参加。即使中国不参加，也会以自己的方式推动巴以和谈。

## 第三节　巴勒斯坦问题的重要性

### ❖ 一、巴勒斯坦问题仍是攸关地区稳定的重要因素

　　在过去长达半个多世纪的时间里，巴勒斯坦问题一直是中东地区的主要矛盾和贯穿地区形势发展变化的一条主线。自2010年年底大动荡开始后，利比亚战争、叙利亚危机、也门战火此伏彼起，中东地区局势日益恶化，特别是以沙特阿拉伯为首的"逊尼派轴心"与以伊朗为首的"什叶派新月带"对抗加剧，上升为地区主要矛盾。受此冲击和影响，巴勒斯坦问题相对降温、降级。然而，事实证明，该问题仍是对地区形势具有重要影响的全局性问题，以及与地区安全与和平密切相关的根源性问题，主要体现在以下几方面：

　　首先，巴勒斯坦问题的长期性未变。作为阿以冲突的核心，巴勒斯坦问题的实质，是阿拉伯人和犹太人两个民族对同一块土地的排他

性争夺。俗话说，"冰冻三尺，非一日之寒"，巴勒斯坦问题引发旷日持久的战争和冲突，使巴以之间积怨甚深，相互理解与信任严重缺失，需要一个漫长而艰难的修补、恢复过程。出于对生存空间和自身安全的考虑，巴以双方围绕边界、耶路撒冷地位、巴勒斯坦难民回归、犹太人定居点等巴勒斯坦最终地位问题的立场尖锐对立、难以调和。

巴勒斯坦问题涉及以色列与巴勒斯坦的历史、民族、宗教、现实利益等各个方面，凝聚了犹太人和阿拉伯人根深蒂固的民族、宗教矛盾，极为错综复杂。国际条约可以实现领土的划分、利益的分割，甚至可以对所有有形的争端进行约束，但民族和宗教矛盾，以及长期冲突与流血所造成的误解和仇恨不是一纸协议就可以化解的，这使巴勒斯坦问题的解决难度远远超过其他地区热点问题。巴以和平进程20多年的历程表明，无论是从构建和谈新机制、美国对巴以和谈进程的影响和控制，还是从巴以相差悬殊的谈判地位等各方面来讲，巴勒斯坦问题都不可能在短时间内得到解决，其最终解决也很可能将滞后于其他地区热点问题。

其次，巴勒斯坦问题的敏感性未变。被称为"巴勒斯坦问题核心"的耶路撒冷地位问题，因牵涉阿拉伯民族、犹太民族乃至整个伊斯兰世界的宗教感情，极易引发矛盾和冲突。对阿拉伯国家来讲，耶路撒冷作为伊斯兰教的圣地，有着不可替代的象征意义。阿拉伯人普遍认为，2015年10月因宗教祈祷权之争而引发的在耶路撒冷老城圣殿山的冲突表明，以色列试图占领伊斯兰教圣地阿克萨清真寺。犹太人认为，除耶路撒冷之外，阿拉伯人还有麦加和麦地那两个圣地，而耶路撒冷是全世界犹太人唯一的精神中心。耶路撒冷地位问题已超出巴以谈判范畴，成为牵动广大穆斯林和犹太教徒敏感神经的国际问题，双方在谈判中的回旋余地很小，解决难度极大。

再次，巴勒斯坦问题作为中东安全与和平根源性问题的性质未变。巴以和谈深陷僵局、双方流血冲突频发的现实表明，巴勒斯坦问题仍是中东地区局势动荡的重要根源之一，其作为中东"暴风眼"的特征并未消失。因此，巴勒斯坦问题仍将是长期影响地区稳定的重要因素。不仅如此，巴勒斯坦问题还是中东地区极端主义抬头、暴力活动频发的根源之一。在约旦河西岸，巴勒斯坦村镇动辄被以军以反恐为名进行搜查。巴勒斯坦人日常出入均要受到荷枪实弹的以军士兵盘查。对此，巴勒斯坦人备感羞辱，并因此衍生出对犹太人的敌视和仇恨。由此，对犹太人实施暴力，便成为维护巴勒斯坦人基本生活条件和尊严的重要手段。对以色列而言，犹太人历史上经历了长达近两千年的大流散、遭受反犹主义迫害和纳粹屠杀的悲惨境遇，以及以色列建国后长期处于被敌对国家"包围"而形成的"岛民心态"，使他们产生不安全感。历届以色列政府都奉"安全至上"为圭臬，对源自巴勒斯坦极端组织和个人的暴力袭击毫不手软地进行报复。巴以双方酿成以暴易暴的恶性循环。

在中东地区，由于以色列长期占领阿拉伯领土，并得到美国在政治、军事、经济等各方面的大力支持，反以、反美情绪深入人心，使针对以色列的暴力袭击往往被相当多的穆斯林视为正义之举，从而为暴力对抗营造了更多的空间。尽管中东大变局使以色列面临的直接军事威胁进一步得到缓解，但随着其周边国家动荡持续，叙利亚、埃及等国政府控制力下降，边境地区的安全形势每况愈下，以色列面临的跨境恐怖袭击的潜在威胁呈上升之势。无疑，巴勒斯坦问题迟迟得不到解决，巴以冲突常态化及由此可能导致的升级危险，势必为地区恐怖主义活动的蔓延提供合适的气候和土壤。

巴勒斯坦问题还与中东地区其他热点问题有着千丝万缕的联系。一个典型案例就是在1990年海湾危机期间，伊拉克总统萨达姆提出了一个著名的"四撤军方案"，即"美国撤出海湾，叙利亚撤出黎巴嫩，以色列撤出巴勒斯坦，伊拉克撤出科威特"。这一方案巧妙地把阿拉伯人几十年的悲欢荣辱糅合在了一起，赢得了阿拉伯人的普遍认同。

## ❧ 二、积极妥善地介入巴勒斯坦问题对维护中国自身利益具有重要的现实意义

第一，对维护和巩固中阿关系有重要意义。中国对自身作为发展中国家的国际定位，中阿传统友谊及密切的能源、经贸联系决定了其偏向阿拉伯世界"一大片"的基本政策趋向不会发生根本改变。巴勒斯坦人大多信奉伊斯兰教，说阿拉伯语，与中东其他阿拉伯国家有着血浓于水的"兄弟"关系。阿拉伯国家也视巴勒斯坦人为阿拉伯民族大家庭的成员。早在1948年第一次中东战争中，为捍卫巴勒斯坦人的

主权和民族尊严，埃及、约旦、叙利亚、伊拉克和黎巴嫩等五个阿拉伯国家联合进攻以色列。在长达半个多世纪的巴以冲突中，阿拉伯国家均无一例外地站在巴勒斯坦人一边。近年来，受中东大变局冲击，阿拉伯国家被地区乱局所困，对巴勒斯坦问题关注度下降，但在对外关系中，仍将是否支持巴勒斯坦人作为重要衡量标准。阿拉伯国家普遍对美国偏袒以色列的立场耿耿于怀，对中国就巴勒斯坦解放事业秉承公正的原则立场颇为赞赏，对中国更多地参与巴以和谈充满期待。因此，中国要维护与阿拉伯国家的友好关系，巩固中阿合作论坛，在中东地区顺利推进"一带一路"倡议，有必要加大对巴勒斯坦问题的参与力度。

第二，对中国运筹与大国的关系有重要意义。美国是巴以和平进程最主要的外部推动者，一向在巴勒斯坦问题上起主导作用。2013年7月，美国国务卿克里以空前的热情全力以赴推动巴以和谈，在9个月中先后11次穿梭斡旋，终因巴以双方采取单边行动功亏一篑。美国的信心严重受挫，对促谈持更为谨慎的态度。另外，美国在中东战略收缩态势难改，在叙利亚危机、也门战火等乱局难平的情况下，无心再费力去啃巴勒斯坦问题这块"硬骨头"。美国对以色列政府的强硬政策不满，但难以在巴勒斯坦问题上向以方施加实质性压力。欧盟有意加强其在巴勒斯坦问题上的作用和影响，但其"偏巴压以"立场受到以色列的强烈抵制。美欧在巴勒斯坦问题上纷纷"碰壁"，苦无良策，为中国发挥作用提供了机会和更多的运作空间。

第三，对保持国内安定团结的局面有重要意义。随着互联网和新媒体的迅猛发展，中国媒体对巴勒斯坦问题的报道一改过去向巴方"一边倒"的态势，呈现立体、全面和多层次的新趋势。中国政府有必要通过加大参与力度，引导公众全面、客观地认识巴勒斯坦问题，避免过激言行。

第四，对拓展中国在中东的经济利益有重要意义。当前，中国在大力推行"大众创业"和"万众创新"，迫切需要学习借鉴以色列的创新经验，引进高科技。同时，中国对以色列的投资和劳务输出不断增加，合作潜力有待进一步挖掘。巴勒斯坦问题久拖不决，势必成为制约中以科技与经贸合作进一步发展的潜在障碍。积极促谈推动巴勒斯坦问题的解决，无疑有助于拓展中国在中东地区的经济利益，符合主动塑造有利于经济发展的良好外部环境的宗旨。

第五，对外交政策适应国际和地区形势变化有重要意义。冷战时期，因中东在美、苏两个超级大国的全球战略中具有关键性的战略意义，中国外交特别注重团结作为该地区主体力量的阿拉伯国家。从20世纪80年代起，随着阿以冲突缓解和中东和平进程的进展，中国在巴勒斯坦问题上逐步向更为中立、平衡的立场转变。时过境迁，现如今在中东大变局和美国战略收缩的大背景下，地区国家普遍人心思定，希望借助国际力量平息地区冲突。一方面，阿以双方对中国在巴勒斯坦问题上发挥作用均有着不同程度的期待，特别是巴方及其身后的阿拉伯世界对美国偏袒以色列的政策不满，对中国的期望值日益增长。另一方面，中国的经济快速发展和国力不断增长，国际地位不断提升，应该可以为缓解巴以局势的困境发挥更大作用。同时，巴勒斯坦问题国际化的趋势也使中国难以置身事外。

第六，对支持"一带一路"倡议有重要意义。以色列和巴勒斯坦是"一带一路"路线图中的重要站点，实现地区稳定符合中国的海外战略利益。目前看，巴勒斯坦问题对地区安全形势的影响仍未减少。因此，中国更多、更深地介入巴勒斯坦问题乃形势所迫、大势所趋。

对中国而言，不上车就永远无法学会开车，通过参与处理这一难题的实践过程，可以更好地学习治理和管控国际冲突的经验，提升自身应对各种复杂国际纠纷的能力。当然，中国也应认真研判这一跨世纪难题的解决难度，充分认识美国在这一问题上不可替代的地位和作用。实际上，中美两国在巴勒斯坦问题上拥有共同目标，即管控、抑制冲突和维护该地区局势的稳定。中国在尽力而为的同时还要量力而行，应与有关各方协调合作，避免因盲目单干而陷入巴以、阿以矛盾和冲突的旋涡。

## 第四节　　中国的影响力

历史上，中国与中东国家有着传统的友好关系。随着国力增强和国际地位的提升，中国在中东地区的声誉和影响力也水涨船高。在巴勒斯坦问题上，中国具有特殊的影响力。

　　首先，在中东地区，包括巴勒斯坦在内的阿拉伯国家均为发展中国家（传统意义上的"第三世界"），在政治上可谓中国的天然盟友。阿拉伯国家与中国在历史上都有过遭受西方殖民主义压迫的经历；在政治制度方面都被西方指责为缺乏民主和自由的"独裁"政体；在经济上，政府发挥主导作用的国有经济受到西方资本主义排斥。因此，中国与广大阿拉伯国家在意识形态领域具有较强的认同感，在国际政治斗争中的立场较为接近，都不愿干涉别国内政，同时担心西方大国干涉本国内政，均反对西方奉行的新干涉主义，对美国处理中东问题的做法处处提防。意识形态领域的相似处境，使中国与阿拉伯国家在东西方对立中坚持一致的立场。这是中国在该地区发挥影响力的基础。

　　其次，中国一直奉行支持巴勒斯坦的外交传统。在巴勒斯坦人民争取民族权利的事业中，中国是阿拉伯世界之外最早、最坚定不移地支持巴勒斯坦人民的国家。无论巴方采取武装斗争还是政治解决的方式，中国均给予大力支持，并向巴方提供经济、军事等各种援助。半个多世纪以来，无论国际风云如何变幻，中国都一贯支持巴勒斯坦人争取民族合法权益的事业，赢得巴方及阿拉伯世界的高度信任和浓厚友谊。在联合国这个可发挥政治影响力的关键舞台，中国作为联合国安理会常任理事国，给予阿拉伯世界充分的政治支持。与美国推行霸权政策不同，中国在中东长期坚持奉行独立的和平外交政策。在联合国安理会涉及巴勒斯坦问题的表决中，与美国投反对票偏袒以色列形成鲜明对照的是，中国往往投票支持巴勒斯坦，且一如既往地坚定支持建立独立的巴勒斯坦国。中国在阿以冲突中支持阿拉伯国家，同时又坚持奉行不干涉别国内政的原则，赢得广大阿拉伯国家，特别是普通民众的好感，成为中东地区较受欢迎的国家之一。阿拉伯国家普遍对美国在巴勒斯坦问题上偏袒以色列不满，纷纷呼吁中国加强在中东事务中的公正声音，在巴勒斯坦问题上发挥更大作用。

　　同时，中国与埃及、沙特阿拉伯、伊朗、土耳其等对巴勒斯坦问题有影响力的地区大国关系密切。2016年1月，中国国家主席习近平出访沙特阿拉伯、埃及、伊朗三国，提升并夯实了中国与这三个国家的战略伙伴关系，从而为中国进一步加强在巴勒斯坦问题上的影响力并发挥建设性作用的过程中赢得上述国家的支持与合作奠定了基础。

再次，中以关系一直保持良好势头。第二次世界大战期间，中国曾收留数万犹太难民，使其免遭纳粹大屠杀的厄运。犹太人至今对中国的"救命之恩"念念不忘。在以色列，无论是官方还是民间，都对中国比较友好。以色列政府一直十分看重中国在国际社会的大国地位，以及中国作为联合国安理会常任理事国在国际事务中的重要影响力，不仅高度重视对华关系，而且非常在意中国对中东问题的态度和立场，对借鉴中国式发展道路推动中东问题的解决充满期待。2014年4月，以色列总统佩雷斯在访华时谈到，中国独特的发展模式对解决中东地区的贫穷、失业以及教育和科技落后等许多国计民生问题都有着极大的启示作用。

应注意的是，在中东问题上，以色列虽认可、倚重美国的影响力和作用，但并非对美国唯命是从，特别是在涉及自身安全利益的重大问题上往往立场坚定，毫不妥协。近年来，围绕伊朗核问题、犹太人定居点等问题，以美两国摩擦加大。以方对美国的促谈意愿和能力的信心下降，"向东看"和"融入区域"倾向日趋明显。一位以色列分析人士认为，现在以色列不再需要"保护者"，而需要"合作伙伴"。显然，中国可成为以色列这一需求的最佳选择。巴勒斯坦问题当事双方都有增强中国作用的意愿。中国与巴以双方都说得上话，所持立场也较为客观、平衡，较易被有关各方接受，为其发挥影响力创造了条件。

此外，中国与以色列和巴勒斯坦均有着传统的经贸关系，不仅发展较为平稳，而且有较大的提升空间。中国"一带一路"倡议与以色列、巴勒斯坦经济发展相对接，可起到"以经促政"的带动作用，有助于潜移默化地增强中国在巴勒斯坦问题上的影响力。

# 第十三章 中以经贸关系

自中以建交以来，双方在贸易、科技、投资等领域的合作发展迅速，潜力巨大，为两国在"一带一路"框架下进一步加强合作打下坚实的基础。

## 第一节 中以贸易合作

### 一、对外贸易在中以两国经济中均占有重要地位，两国在经贸领域的互利合作成为双边关系发展的"主旋律"

1992年中以刚建交时的双边贸易额仅为5 000多万美元。自2000年开始，双边贸易额迅速上升，2000—2014年，两国贸易年均增长率为19.28%。其中，2000—2008年增速尤为迅猛，从8.64亿美元直线上升至55.37亿美元。受世界金融危机影响，2009年双边贸易额有所下滑，但之后又呈现强劲增长态势，2011年两国贸易额达81.69亿美元，2013年猛增到108亿美元，2014年达110亿美元，2015年达114.2亿美元。2000年，中国是以色列第十四大贸易伙伴，现已成为继欧盟与美国之后的全球第三大贸易伙伴以及亚洲的第一大贸易伙伴。以色列对华出口以高科技产品为主，包括电子、光学产品、农业技术等。中国则主要向以色列提供原材料、轻纺产品和消费品等。

自1992年10月起，两国政府在贸易、避免双重征税、投资保护、经贸合作、工业研发与高技术合作等领域签署了多项协定、协议、议定书及备忘录，其中包括《双边投资保护协定》《避免双重征税协定》

《贸易协定》《海运协定》《农业合作协定》《医疗科技合作协定》《中华人民共和国国家进出口商品检验局与以色列国标准局合作协议》《海关行政合作谅解备忘录》《中华人民共和国建设部与以色列建设和住房部谅解备忘录》《中以财政合作议定书》《工业技术研究与开发合作框架协议》《文化交流协定》《民用航空运输协定》《旅游合作协议》《体育合作意向备忘录》《教育合作意向备忘录》等。

## 二、建立自贸区将成为双边贸易新的增长点

自由贸易区（Free Trade Area，简称FTA）通常指两个以上的国家或地区，通过签订自由贸易协定，相互取消绝大部分货物的关税和非关税壁垒，实现人员等生产要素的自由流动和优势互补，促进共同发展。自2008年次贷危机爆发后，美国在自由贸易方面的优势逐渐降低，中国脱颖而出，成为全球自由贸易的新推手，积极努力推动与各国、各地区之间的自由贸易。2014年，中国在建自贸区就有20个，涉及32个国家和地区，其中已签署自贸协定14个，涉及22个国家和地区，包括中国与东盟、新加坡、巴基斯坦、新西兰、智利、秘鲁、哥斯达黎加、冰岛、瑞士、澳大利亚和韩国的自贸协定，内地与香港、澳门关于建立更紧密经贸关系的安排（CEPA），大陆与台湾的海峡两岸经济合作框架协议（ECFA）。此外，还增加了7个自贸协定，涉及22个国家，分别是中东与海湾合作委员会（GCC）、斯里兰卡、挪威和以色列的自贸协定，以及中日韩自贸协定、《区域全面经济合作伙伴关系协定》（RCEP）和中国-东盟自贸协定（"10+1"）升级版等。

中国与以色列有关建立自贸区的规划起步较晚，先期的准备工作耗时较长。2010年，中国商务部等相关部门委托对外经济贸易大学等科研机构和院校，对中以建立自贸区事宜进行可行性研究和论证。2014年11月，中以双方完成有关自贸谈判的可行性研究和评估，结论积极。2015年3月，国务院总理李克强在政府工作报告中明确指出，中国将加强自贸区战略，推动与海合会、以色列等自贸区谈判。这是以色列第一次出现在中国的政府工作报告中，显示出其在中国对外贸易中的重要性。2016年3月29日，国务院副总理刘延东出访以色列，与内塔尼亚胡总理共同启动中以创新合作联合委员会第二次会议，并宣布两国正式开启自贸区谈判。

内塔尼亚胡表示，这是一个重大发展。中以两国有众多可以合作的领域，包括医疗保健、远程教育、农业和信息技术等。在人类致力开拓的每个领域，中以合作都能结出丰硕成果。以色列会是中国的一个绝佳的合作伙伴。以色列政府新闻办公室发布声明称，中以自由贸易协定将包括商品和服务贸易、经济和技术合作，将能够推动两国GDP增长，促进投资，为两国带来重大经济效益，是加强双边经济关系的重要一步。中以围绕自贸协定的谈判将对消除双边贸易障碍等多个议题进行讨论，放松进入对方市场的限制，将有利于商品的进出口，还将解除标准化和监管领域的限制。

总体来看，中以自贸协定的签署，将进一步促进双边经济合作，并推动各自经济发展。

一是促进两国的宏观经济合作。由于中以两国经济既有互补性，又有竞争性，两国签署FTA将刺激两国各自的经济和贸易增长。具体而言，如果取消双边的进口税，中国和以色列的国内生产总值（GDP）将分别增长0.003%（约2.7亿美元）和0.13%（约3.1亿美元）。与此同时，中以双边贸易额将实现29%的显著增长（约18.14亿美元），其中以色列对华出口将增加38.5%（约8.34亿美元），中国对以色列出口将增加23.9%（约9.8亿美元）。两国FTA的签署将产生"贸易转移效应"，使中国、以色列各自与其他国家的贸易在一定程度上有所下降。然而，FTA的贸易增值效应仍是主旋律，将使两国各自的贸易总额大幅增加。以色列的进出口总额将分别增加0.93%（约6.81亿美元）和0.6%（约4.24亿美元）；中国的进出口总额将增加0.06%（约5.97亿美元）和0.04%（约4.47亿美元）。由于经济效益的提高，所有经贸要素的利润都将增加。在以色列，土地租赁、人工费用和资本利润将分别增加0.11%、0.33%和0.32%。相形之下，中国在上述领域受FTA的影响相对较小，但也会分别增加0.02%、0.03%和0.02%。

二是对工农业商品贸易产生影响。FTA的签署会对特殊商品贸易产生重要影响。对以色列出口只占中国对外出口总额很小的一部分，但在以色列的进口总额，特别是一些特殊商品中却占有相当高的份额。以纺织品和服装、蔬菜和水果以及电子产品为例，中国对以色列出口的上述三类商品仅分别占其出口总额的0.35%、0.5%和0.13%。但中国对以色列出口的这三类商品却分别占以色列进口总额的39.7%、12.5%和10.8%。与此同时，两国对一些商品征收的双边进口关税也相当高。例如，中国一直保持对糖类14.2%、蔬菜和水果11.9%、菜油11.8%、加工食品9.1%、纺织品和服装8.6%以及其他制造业产品8.3%的进口税。以色列也征收高额进口税，如蔬菜和水果的税率为25.6%、与自然资源相关的工业品的税率为11.4%、纺织品和服装的税率为10.3%，其他农产品的税率为9.6%。可见，因两国均征收高额进口税，以及双边贸易在特殊商品方面占有较大份额，FTA的实施会对某些商品的贸易产生重要影响。

FTA还会对中国的各个部门产生不同程度的影响。各部门的得与失很大程度上取决于其贸易状况和最初的进口税率。那些对以色列出口更多并被征收高额进口税的部门将受益。相反，那些更多地从以色列进口并受到高额关税保护的部门则会面临一些挑战。在中国的农业领域，蔬菜和水果产业部门将是最大受益者，其总产值将增加0.01%（约3 200万美元），其中净出口将增加约2 250万美元。

对工业领域而言，纺织品和服装、与自然资源相关的工业以及交通设备等3个部门将是最大受益者，其出口额将分别增加0.08%（约1.76亿美元）、0.02%（约2.1亿美元）和0.16%（约6 600万美元）。与之相应，上述部门的产值将分别增加0.05%（约2.83亿美元）、0.03%（约2.3亿美元）和0.02%（约2.01亿美元）。与此同时，纺织品和服装业产值的增加将提升对棉花的需求量，从而使棉花产业的产值增加0.03%（约300万美元），甚至还会增加其进口额。

然而，由于进口冲击和产品价格上涨，一些部门或将面临挑战。例如，中国分别以4%和8.3%的税率从以色列进口化学产品和制造业产品。在取消进口税之后，中国对上述两类产品的进口额将分别增加0.069%（约1.92亿美元）和1.84%（约7 650万美元），从而导致在中国国内这两类产品的产量分别减少0.015%（总价值约9 300万美元）和0.04%（总价值约8 600万美元）。

三是对服务业自由贸易产生影响。服务业贸易有望成为中以FTA的重要组成部分。中以两国的服务业均占国民生产总值（GDP）和就业市场相当大的比重。FTA的签署可为两国的国内经济带来新的机会和竞争动力，一方面可降低消费和生产价格，另一方面可使生产要素更加行之有效，促进服务业的竞争和贸易自由化。

FTA 中包含的服务业条款，通过制定更为有效、透明的规则，并向有关各方承诺不采取限制性的措施，将有助于营造更好的商业环境。除提供相关的法律依据外，服务业的 FTA 还可进一步加强双边贸易中已经占据统治地位的部门的地位，如建筑、计算机等服务业相关部门。此外，FTA 还可为两国在互利互惠领域增加贸易往来打下坚实的基础，如在双方具有强烈互补性的领域：高科技研发、旅游（其中包括医疗旅游）、工程、环境和农业服务以及学术研究等。

根据"贸易授权"的服务原则，如财政、交通等相关专业服务，还可通过 FTA 的签署，完善双边服务贸易的框架结构，进而使双方均从货物贸易中受益，达到双赢效果。

四是对投资产生影响。一旦在 FTA 框架下，与投资相关的条款得以实施，中以两国的商业投资环境将得到改善。以色列与其他国家（如美国和欧盟各国）签署 FTA 的经验证明了这一点。在以色列的学术和高技术工业等领域，中国投资者已相当活跃。其他吸引中国投资的领域还有可再生能源、生命科学和农业技术等。以色列的酒店持续短缺，因而对中国投资者来说，以色列的旅游业也是一个重要的投资领域。

中以合作已涵盖许多领域，如农业技术、科技研发、规则对话、技术标准和知识产权等。两国 FTA 的签署将促进更多的双边互利互惠项目，从长远看，可加强双方共同进军国际市场的能力。

## 第二节　中以科技与创新合作

科技与创新合作成为中以经济合作的"引擎"和"重头戏"。以色列在农业、生物技术、信息技术、新材料、水资源管理、纳米技术、医疗卫生、可再生能源等领域的发展居世界领先地位，以色列的公司可提供技术含量高、成本效益好、适合投放中国市场的产品。以色列是创新强国，被欧美称为"第二硅谷"，其国家研发投入占 GDP 的4.5%，长期位居世界第一，全球创新排名第三位。

由此，以色列成为中国引进先进技术的重要来源之一。两国在科技方面的合作已从基础研究、农业科技、水资源管理扩展到信息技术、生物、能源、空间等尖端技术研发领域。双方签订了多项科技合作协定，其中主要包括5个政府间科技合作协议，16个部门和地方合作协议，以及与中国各部委和省政府的8个研发协议。以色列政府向中方承诺提供13亿美元优惠贷款。中方累计生效贷款项目达200多个，多集中在高科技领域，遍及29个省、市。

2014年5月，中国国务院副总理刘延东访问以色列，并与以色列总理内塔尼亚胡签订了《中华人民共和国政府和以色列国政府关于成立中以创新合作联合委员会的备忘录》。双方约定，中以创新合作联合委员会将研究确定两国研发与创新、教育等领域合作重大方向和重点项目，积极探索新的合作模式，解决以上合作中出现的重大问题，回顾与评估两国以上合作，并制订三年一度的行动计划等。2015年1月29日，中以创新合作联合委员会第一次会议在北京召开。中国国务院副总理刘延东与以色列外交部部长利伯曼共同签署了《中以创新合作三年行动计划》，标志着中以建立"创新合作伙伴关系"。按照《行动计划》，双方将继续加强重大战略优先方向前沿性、原创性联合研究，确定了脑科学、土壤和水资源、纳米技术、3D打印、生物医药、清洁与可再生能源、农业科技、先进生物成像技术、信息化教育技术(E-Learning)、计算机科学、服务于老年人的创新科技、智慧城市和可持续发展等12个优先合作领域。双方明确，支持两国研究机构共建联合实验室和联合研究中心，构建长期、稳定、深入的合作关系。双方同意，进一步加强双边联合研究计划资助力度，启动联合研究旗舰项目，支持两国机构产学研联合，围绕重大关键问题开展联合研究，将农业科技联合研究计划变更为年度计划，在未来5年内每年联合资助10个联合研究项目。

此次会议上，中国科技部与以色列经济部签署了《中以创新合作中心的联合声明》，双方决定共建中以创新合作中心，旨在构建更加完善的企业创新合作信息共享网络，建立中以企业创新供需对接平台，帮助企业更好地了解双方知识产权保护法律体系和行政管理体系，为企业创新合作中遇到的知识产权保护问题提供有效帮助。双方表示，将充分利用好北京技术转移大会、江苏技术转移大会、中国国际医疗器械博览会、亚洲移动通信博览会和以色列水科技博览会、生物医药大会等平台，组织中以企业创新合作对接与交流。双方还同意进一步加大产业技术联合研发资助力度，每年的联合资助研发项目扩大到50个。未来还将采取必要措施，促进双方在医疗器械、通信、水科技、清洁能源、3D打印等领域的高技术贸易，鼓励企业设立联合研发中心。

此次会议还有一个重要环节，就是刘延东副总理和利伯曼部长共同为"中以常州创新园"揭牌。根据此前双方的约定，将"中以常州创新园"作为试点，条件成熟时启动其他专业特色明确的中以创新园的建设。依托中国的高新区建设若干中以创新园，创建有利于以色列创新成果落地产业化和规模化、以色列企业来华创新发展的环境和条件。

2015年11月，在云南昆明召开了首届中国云南-以色列创新合作论坛，讨论了"创新与合作""可持续现代农业""人文交流"等议题。还成立了"中国（云南）-以色列创新合作中心"。同期，以色列特拉维夫大学在南京经济技术开发区成立了"创业创新中心"，主要目标是进一步推动双方在创业创新、技术转让与产业化等方面的交流合作，同时为两国搭建产学研合作平台，使特拉维夫大学的科研成果进入中国市场、实现产业化。

2016年1月，在北京举行的首届中以科技创新投资大会上，两国来自智慧城市、医疗设备、农业科技、清洁技术、互联网、移动通信等领域的代表共聚一堂，就两国相关企业在科技创新和投资方面的合作与对接进行了广泛和深入的探讨。2017年3月21日，中国和以色列在北京共同发表《中华人民共和国和以色列国关于建立创新全面伙伴关系的联合声明》，确认两国建立"创新全面伙伴关系"。声明提出，中国作为世界经济大国，正在实施创新驱动发展战略，以色列在创新、研发领域具有全球公认的领先地位。继续深化中以合作仍有巨大潜力，双方在相互尊重和平等的基础上致力于开拓和深化创新合作符合两国和两国人民的根本利益，对两国发展具有深远意义。

中国是农业大国，而以色列的现代农业技术举世闻名。自建交之日起，中以在农业领域的合作就进入"快车道"，合作项目遍及北京、天津、上海、广东、江苏、安徽、福建、浙江、山东、四川、重庆、湖北、湖南、贵州、云南、海南、陕西、山西、河北、宁夏、新疆、黑龙江、辽宁等省级行政区。合作重点是中国借鉴和引进以色列的农业节水灌溉技术、栽培和良种培育技术以及畜牧养殖技术等。两国于1993年签署了《中以农业合作谅解备忘录》，1997年成立了"中以农业合作联合委员会"。以色列在华建立了"中以国际农业培训中心""中以示范农场""中以旱作农业培训示范中心"以及农业培植花卉种植、奶牛饲育等示范基地。2013年5月，两国又签署了《中以关于促进农业科技创新合作协定》。2014年6月，中以两国农业部签署了合作纪要，将双边农业合作纳入"一带一路"倡议的框架。2015年11月，在中国国务院副总理汪洋率团出访以色列期间，双方正式签署了加强农业合作行动计划。汪洋副总理强调指出："中以农业合作潜力巨大，要发挥互补优势，深化农业合作。中方愿与以方共同努力，将农业创新合作作为今后中以合作的重要方向之一。"

以色列拥有世界领先的技术和经验，其中农业灌溉（特别是滴灌技术）较适用于中国国情，中以在新疆合作建立了中国－以色列旱作农业节水示范项目，已实现节省15%的用水。在栽培和良种培育技术方面，在福建的"中以合作示范农场"重点研发了低成本、高产出的蔬菜和花卉栽培技术，并引进了农作物现代栽培设施以及水产养殖、精确施肥等技术。在畜牧养殖方面，双方研发了适合中国当地奶牛特点的养殖技术，既节约了成本，又提高了牛奶的产量和质量。在中以奶牛示范农场，由于使用了以色列的饲养技术，年奶产量由原来的4 000升跃升至1.1万升，而且没有用任何转基因的东西。2015年6月，以色列的利夫纳特、瑞沃勒斯等农业巨头与中国金正大集团签署战略合作协议，共同将以色列的高端农业产品、技术和商业模式引入中国。

在水务管理领域，以色列的污水处理、海水淡化等技术处于世界领先水平。随着中国经济快速增长以及城市化的高速发展，水资源缺乏的状况日趋严重，为双方在相关领域展开广泛合作提供了广阔的空间。作为2013年以色列总理内塔尼亚胡访华的重要成果之一，2014年11月，山东省寿光市被定为"水技术示范城"试点，全面采用以色列的技术进行水务管理。具体而言，就是学习、借鉴和引进以色列的脱盐、污水治理、供水和污水净化等技术，探索高效用水、节约用水、污水处理和回收、水循环利用的新的管理模式，并在试验成功的基础上，向其他地区进行推广。在中国的部分沿海城市，以色列的海水淡化技术已得到应用，使淡水供应不足问题得到一定程度的缓解。中国水利部和农业部多次组团参加以色列国际农业博览会、国际水与环境技术博览会等。

## 第三节　中以投资合作

　　风险投资具有鼓励科技创新与完善资本市场的双重功能。长期以来，以色列高科技等领域的外来投资主要来自美国和欧洲。近年来，以色列先进的高科技和创新业绩吸引了越来越多的中国企业。2012年，中国化工集团与以方签署协议，以24亿美元的价格，收购了以色列最大的农用化学产品制造商马克西姆-阿甘公司60%的股权。以色列总理内塔尼亚胡称，该协议证明了以色列的经济实力。2014年2月，中国上海光明食品集团与以色列最大的食品公司特努瓦达成并购协议。2015年5月，光明集团正式收购英国安佰深集团拥有的特努瓦56%的股权。2014年8月，由中国光大控股有限公司和以色列催化剂股权管理公司合资成立的“催化剂CEL基金”在特拉维夫举行签约仪式，并决定向以色列拉米纳科技公司投资4 200万美元，成为该公司的主要持股者。2015年9月，中国复星集团收购以色列最大的化妆品集团阿哈瓦。中国百度公司也在以色列成立投资基金，并进行风险投资。此外，以色列还是中国汽车企业大规模进入的第一个发达国家市场。中国与以色列的经贸联系日益紧密，带动了双方在创新领域的投资合作。以色列总理办公室总司长埃利·格罗纳在接受媒体采访时表示，中国是一个不断成长的巨大市场，以色列在高科技研发、创业和创新领域有着丰富经验，双方优势互补非常明显，中国已经成为以色列的首要合作伙伴，以色列期待与中国展开各种合作，欢迎中国资本投资以色列创新企业。

　　有统计显示，近年来，中国对以色列的投资力度不断加大。2014—2015年，中国公司在多个领域完成了对以色列公司和基础设施约合50亿美元的并购和投资。至2016年，中国对以色列各类投资的存量已超过60亿美元，以色列对中国的投资存量已经超过10亿美元。仅

2015年，中方在以色列的投资额就达27亿美元，占以色列所有外国投资的40%。中国对以色列高科技产业投资同比增长54%，仅风险投资就超过500万美元。联想、小米等中国企业纷纷在以色列设立研发中心。

出于战乱等原因，以色列的基础设施相对落后，当前正处于基础设施建设快速发展阶段，营建机场、码头、公路和铁路等每年投资高达40多亿美元。而中国建筑工程公司在大型基础设施建设方面有着相当丰富的经验和成熟的技术。鉴于"一带一路"倡议的重点和优先领域就是基础设施的互联互通，中以双方在这一领域的合作不但卓有成效，而且潜力巨大。当前，中国在以色列基础设施领域的投资项目主要有以下3项：

一是阿什杜德南港口项目。阿什杜德港是濒临地中海的以色列第二大港口。2014年9月，中国港湾工程有限责任公司与以色列港口发展和资产公司签署协议，承包阿什杜德南港口建设项目，合同金额约10亿美元，计划于2021年完工。建成后，阿什杜德港的集装箱年吞吐量将达到150万吨，将有力地促进以色列的外贸发展。以色列总理内塔尼亚胡在协议签订仪式上称，新建的港口将会成为东西方贸易往来的重要纽带。

二是特拉维夫轻轨红线项目。2015年5月，中铁隧道集团有限公司与以色列索勒博纳基础设施公司组成的联营体，成功中标特拉维夫轻轨红线项目西标段。该项目包括6座地下车站、2条隧道以及16条横通道等工程，项目总金额约为7.3亿美元，由以色列政府负责拨款。根据双方约定，中铁隧道集团有限公司在联营体中占51%的股份，负责隧道部分；索勒博纳基础设施公司持49%的股份，负责车站建设。

三是克卡夫·哈亚邓抽水蓄能电站项目。2016年4月，中国电建集团与通用电气子公司法国阿尔斯通签署协议，共同建设、运营和维护克卡夫·哈亚邓抽水蓄能电站。该项目位于以色列东北部，距离特拉维夫约120千米。项目的总装机容量为340兆瓦，工程包括隧洞、调压井、上库、下库、厂房、开关站等，工期为52个月，总金额为4亿美元。该项目建成后，将成为以色列最大的抽水蓄能电站，有效缓解以色列人口增长所带来的电力不足问题。

同时，在两国政府的共同努力下，中国已成为以色列重要的对外投资目的地国，投资项目主要集中在高新技术、新能源、水技术、节能环保、农业、生物医药等领域。"以色列出口与国际合作协会"将中国列为对外出口的重要市场，并特别设立了"中国小组"，专门帮助以色列的高科技企业寻找与中国同行合作的机会。该协会还开设了如何与中国企业做生意等相关培训课程。

## 第四节　中以合作的动力

中以在各个领域的经济合作之所以能够快速发展，与两国政府的通力合作和大力推动密不可分。中国与以色列自1992年1月24日建交以来，已走过27年历程。两国关系总体运行平稳。双方领导人高层互访频繁。自建交起以色列历任总理和总统都访问过中国。在2000年中东和平进程陷入停滞之前，中国总理和国家主席均对以色列进行了国事访问。在21世纪初经过军事贸易受阻的波折后，两国政治关系重新走上正轨。2007年，以色列总理奥尔默特访华。2008年，以色列总统佩雷斯出席北京奥运会开幕式，后又于2014年正式访华。2013年和2017年，以色列总理内塔尼亚胡两度访华。2013年，中共中央书记处书记刘奇葆、政法委书记孟建柱、外交部部长王毅等中国高层领导人访以。中国国务院副总理刘延东先后于2014年和2016年访以。时任国务院副总理汪洋于2015年访以。2016年9月，中共中央政治局常委、中国全国人大常委会委员长张德江正式出访以色列。高层互访促进了双方的交流，增进了两国间的相互了解和沟通。此外，两国外交部还建立了定期磋商机制。良好的政治关系为经贸关系的发展搭建了稳固的平台。

在中国国家发展改革委员会和以色列总理办公室的共同努力下，双方成立了"中以经济合作联合工作组"，其主要职责是促进两国在高科技、农业和能源等领域合作。在两国政府的积极推动下，双边经贸往来不断加强。一方面，以色列领导人大力提倡与中国加强经济联系。以色列经济部前部长本内特把与中国的合作作为头号战略目标，鼓励数以百计的以色列公司尽快进入中国市场。在以色列政府的大力推动下，来华寻找合作伙伴的以色列商业和经济代表团源源不断。另

　　一方面，前往以色列的中国经贸代表团也络绎不绝。据以色列经济部的统计，2013年仅以色列经济部接待的中国代表团就多达350个。2014年11月，以色列经济部部长本内特访华时称，为落实两国领导人有关加强战略合作的共识，以色列内阁已于2014年5月通过一个"五年计划"，并每年拨款1 400万美元，力争使以色列对华出口额翻一番。2017年3月20日，中国国务院总理李克强与到访的以色列总理内塔尼亚胡就科技创新合作、加快自贸区谈判、基础设施建设合作等事项充分交换意见。李克强说："如果总理先生愿意的话，我们可以重点抓好中以创新领域合作，打造一条'绿色快捷通道'。"内塔尼亚胡连用三个"绝对"积极回应称："我绝对感兴趣！我绝对相信，如果我们建立这样的机制，将会为我们彼此带来绝对的益处！"

　　当前，中国经济处于转型期，正致力于转变经济增长方式，实现可持续发展。以色列在发展绿色经济、推动节能环保、实现科技创新、推广社会福利等方面经验丰富，多为中国亟须借鉴的"他山之石"。据世界经济论坛发布的《2014—2015年全球竞争力报告》，在全球最具竞争力的144个国家和地区中，以色列排名第二十七位，其创新能力则高居世界第三位。中国需要引进高科技，更迫切需要学习和借鉴创新方面的经验。中以两国在这一领域的合作空间巨大，潜力有待进一步挖掘。

　　对以色列来讲，中国的市场具有很强的吸引力，可在很大程度上弥补其海外市场的缺失。以色列国土狭小，国内市场规模极为有限，且与中东地区大多数国家尚未建立正常关系，在地区内的经贸交流与合作受到很大限制。欧盟与以色列签有自由贸易协议，是以色列第一大贸易伙伴，但近年来，欧盟对以色列奉行的定居点政策不满，对定居点产品实施标注原产地的"贴标签"政策，使以欧贸易受到负面影响。因此，以色列政府着手实施"向东看"政策，将更多的目光投向中国。以色列总理内塔尼亚胡称，中国是一个巨大的、快速发展的市场。如果以色列取得一部分份额，出口将大幅度增加，产生做大"经济蛋糕"的成效。

# 第十四章　中以人文交流

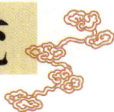

自中以建交以来，两国在教育、文化和旅游等领域的交流与合作获得长足发展，成为中以关系中的一大"亮点"。

## 第一节　教育合作卓有成效

两国互派留学生，实现科技人员互访，开发合作研究项目。中国于1992年开始向以色列高校和科研机构派遣留学和进修人员，迄今已达数千人次，集中在理、工、农、生物和医药等领域。2013年，以色列的主要大学和学院都有中国留学生和进修人员，攻读各级学位以及访问交流的中国留学人员（包括国家公派、单位公派、自费等）有300多人。2016年，这一数字上升至约800人。以色列高等教育委员会希望在2021年到以色列留学的中国学生人数达到3 000人。以色列赴华留学人员每年为50~70人，主要学习中文、中国文化和中医等课程。

以色列国内民众的"汉语热"不断升温，学习热情日益高涨。这与以色列政府的大力倡导密不可分。2009年，在以色列年终论坛上，以色列总理内塔尼亚胡提出倡议，以色列各级初、高中开设汉语课程，让学生加强对中国文化的学习。翌年，以色列教育部专门成立了"汉语教学专家工作委员会"，专门进行初、高中汉语教学的筹备和规划。同期，以色列教育部和财政部联合发出通知，指出中国是一个充满希望的政治、经济和文化大国，鉴于此并从长远考虑，要求中学将汉语列入教学内容。以色列教育部于2011年将中文列入中学教学内容，并于同年7月举办首次全国性汉语考试，还专门设立了汉语教学总督导的职务。以色列人学习汉语的兴趣日益高涨，学习人数不断攀升。据以色列教育部汉语教学总督导塔马尔·柯海特介绍："2013年，来自以色列13所中小学的大约800名学生正在学习汉语，从三年级到十二年级的都有。但在下一个学年，会有超过1 200名学生学汉语。在一年内（学汉语的人数）就增长了50%。这是一个很大的成就。"据媒体报道，以色列总理内塔尼亚胡的两个儿子都在学习中文。

在以色列建立孔子学院，可谓中以教育和人文合作的一个重要的里程碑。2007年5月，中国国家汉办与以色列特拉维夫大学签署了合作建立孔子学院的协议，中方合作单位为中国人民大学。特拉维夫大学孔子学院作为中国在以色列境内建立的第一所孔子学院，在以色列的汉语教学中发挥了积极作用。2012年，在特拉维夫大学东亚系注册学习汉语的以色列学生已达700人。

继特拉维夫大学成立孔子学院后，2013年5月，在以色列总理内塔尼亚胡访华之际，希伯来大学也与中国国家汉办签署有关建立孔子学院的协议。2014年5月，北京大学与希伯来大学合作成立的孔子学院正式揭牌运营。中国国务院副总理刘延东出席揭牌仪式，刘延东说："语言是沟通的桥梁，孔子学院是中外人文交流的重要平台。北京大学和希伯来大学强强联手，一定能办成一流的'研究型'孔子学院，为以色列青年提供学习汉语、了解中国的重要途径，为促进中以友好关系发挥重要作用。"她代表孔子学院总部向以方赠送3 000册汉语教材和中国文化读本，并邀请100名以色列大学生来华参加2014年"汉语桥"夏令营活动。

对于希伯来大学来说，孔子学院的落户为其与中国合作开启了新的大门。希伯来大学校长本·萨松在致辞时也强调了孔子学院的重要性，"我们必须知道，这样的机构以中国文化和中国的语言为起始，却远远不仅是这些。与世界上超过400个孔子学院自动联系起来，相当于进入了一个大型网络。孔子学院为学汉语的学生打开了中国的大门，但又远不止于此，还为进一步促进国家之间、高等院校之间以及科研院所之间的关系创造了条件"。

以色列总理内塔尼亚胡发来贺电称："与北京的著名高校合作，能扩大和加深中以在科学和文化方面的联系。犹太民族和中华民族都有悠久的文化、独一无二的语言和令人骄傲的传统，我们都对人类文明进程做出了巨大贡献。我们也还有许多可以相互学习的地方，还可以有许多像孔子学院一样的合作。"

2016年3月底，在以色列访问的国务院副总理刘延东与以色列教育部部长本内特共同为"以色列留华同学会"揭牌，并见证了中以校际合作协议的签署。据以色列媒体报道，预计该协议涉及的投资额在未来9年内将达到6800万美元。

## 第二节　文化交流日新月异

两国自1993年签署文化合作协定以来，制订了多个文化交流年度执行计划，推动双方在文化、艺术、文物、电影、电视、文学等领域的交流与合作迅速发展。自2007年5月起，中国文化部与以色列教育部、外交部、文化和体育部联合在以色列举办了为期半年的"中国文化节"。中国中央民族乐团、中国国家话剧团、武汉杂技团、山西阳泉民间艺术团等艺术团体先后访以，表演了中国传统音乐、话剧、杂技、戏曲等节目，受到以色列观众的广泛欢迎与好评。

2009年10月，"感知中国·以色列行"大型文化活动在以色列成功举行。在为期两周的时间里，中方通过文艺演出、影视放映、图片展览、主题演讲等丰富多彩的形式，将一个历史悠久、充满活力、珍视传统、文明开放的中国展现在以色列民众面前。

2011年，中国文化部部长蔡武访以并出席总统会议，签署了两国政府间文化合作协定2011—2015年度执行计划。2012年，包括"电影周"在内的中以建交20周年系列庆祝活动颇见成效。2014年"欢乐春节"活动在以色列六大城市共举行了11场演出，在以色列民众中受到广泛欢迎。

中国于2005年宣布给予以色列作为中国公民旅游目的地国的地位。2007年，中国国务院批准将以色列定为中国公民组团出境旅游目的地国。2016年年初，中以两国实施外交和公务护照持有者免签。同年，以方对持有普通护照的中国公民实施发放10年有效签证的优惠政策。2016年4月，中国海南航空公司开通北京—特拉维夫直航航线。前往以色列旅游的中国游客数量逐年增加，2012年为2万人，2014年增加到3.4万人，2015年达4.5万人，2016年有近8万名中国人到以色列参观旅游，比2015年增长69%，2018年赴以色列的中国游客约有10.5万人。

以色列除在北京设有驻华大使馆外，还在广州、香港设有总领馆，并于2014年在成都开设了新的总领馆。

中以人文交流有助于促进两国政治交往和经贸关系，拓展双方的外交空间，成为提升两国从民间到官方友好合作的重要途径。

# 第十五章　中以关系中存在的问题

中以关系虽总体发展顺利，但也面临各种消极因素的制约。美国的干涉、阿以问题的影响，以及两国经贸往来过程中出现的劳务问题等，不时干扰双边关系的正常运行。两国共同利益的基础仍不足以保证双方在所有领域进行可持续的互利合作，这一目标的实现，将取决于双方能否采取开放的、长期的对话与协调方式来处理两国关系中存在的问题。

## 第一节　劳务问题

近年来，中国在以色列建筑业的劳务输出方面暴露出不少问题，引发媒体关注。据法新社报道，2015年以色列建筑业约有21.6万名工人，其中3.7万名为巴勒斯坦人，其他国家的6 000名外籍劳务人员中约有3 700名是中国人。以色列与泰国、斯里兰卡、保加利亚、罗马尼亚和摩尔多瓦等国均签有劳务协议，但与中国尚未签署相关协议。赴以色列打工的中国劳务人员大多依赖私人合同，为获得入境签证，不得不向"黑中介"缴纳巨额费用。部分人在签证过期后继续滞留，沦为非法打工者。在无任何相关劳务法规保障的情况下，屡发中国劳务人员被滥用事件，如工资被长期拖欠、签证过期者遭到驱逐等。

2015年9月20日，以色列内阁通过决议，计划引进约2万名中国建筑工人，同时还决定成立一个负责海外招聘的监管机构，防止承包商的欺诈行为。以方做出此项决定主要是为了加速住房建设，遏制房价飙升。以色列总理内塔尼亚胡称,"引进中国工人的计划有利于增加住房供应量,最终改变房价走势,是必要且重要的一步"。据以色列财政部的分析,以色列国内房地产市场受供应短缺、土地国有化程度高等因素影响,近10年内平均房价已上涨一倍,自2011年来数次引发国内抗议示威。在2015年3月举行的议会大选中,房价高亦成为内塔尼亚胡遭反对党诟病的议题之一。刚组建不久的新政府在议会120个席位中仅占61席的微弱多数,执政基础脆弱。内塔尼亚胡欲借此稳定房价,兑现竞选承诺,争取更多的支持。与此同时,中国对外劳务输出一向以质优、价廉和高效著称,受到以方青睐。据以色列中央统计局披露,外籍劳工的平均工资仅为以色列籍工人的一半。另据以色列财政部称,在建设高层住宅方面,中国工人干活速度比当地的犹太人和巴勒斯坦人要快50%,节约建设成本20%~30%。此外,近年来以巴矛盾不断攀升,流血冲突频发,进一步加深以色列企业对使用巴勒斯坦工人的顾虑。

以色列内阁做出的此项决定引发以色列国内广泛争议。以色列国内的工人权益组织抨击该计划将抢走以色列劳工就业的机会。以色列总检察长魏恩施泰明确表示反对,称中以两国尚未签署正式劳务协议,将会导致中国劳工被一些中间商利用,一旦出现劳资纠纷将难以解决。2015年9月21日,以色列两大主流报纸《国土报》和《耶路撒冷邮报》均发表社论,批评该计划会加剧对中国工人的剥削,并给部分黑心企业贩卖人口提供机会。

中国对以色列的劳务输出并非仅存在单纯的经济问题,处理不当将影响中国在阿拉伯世界的形象,具有较高的政治敏感性和风险。

其一,有可能会直接或间接地触及巴勒斯坦问题。以色列国土面积狭小(仅1.52万多平方千米),南部多为沙漠和戈壁,可供建房的地区主要集中在北部和沿海一带。出于抢占战略要地、在以巴谈判中增加筹码以及吸引海外犹太移民等考虑,以色列政府不断在有争议的约旦河西岸、东耶路撒冷等地区扩建定居点和修建隔离墙,不仅遭到巴方强烈抗议,而且在国际社会,特别是阿拉伯世界饱受非议。巴方甚至在向国际刑事法院提请的诉讼中,也要求将以方扩建定居点的行动列为"战争罪"之一。在约旦河西岸,不少区域的犹太人定居点和巴勒斯坦人聚居区相互交织,形成"你中有我、我中有你"的复杂局面。因此，在处理与以巴双方的外交、经贸等事务过程中，稍有不慎，便会引起外交纠纷和政治麻烦。例如，位于以色列与约旦河西岸"交界"处、有争议的摩迪营市曾试图与中国的海口市建立友好城市关系，招致巴方抗议。在缺乏双边劳务协议的情况下，中国劳工会随着项目被派往被占领土从事建筑工作。曾有外媒披露中国劳工参与定居点和隔离墙建设，引起阿拉伯国家关注。在此情况下，若中方向以色列大批输出劳务，将容易引发巴方不满和阿拉伯世界的猜疑，或人为地将正常的中以劳务合作与巴勒斯坦问题挂钩，使之超出双边经贸关系的范畴而被"政治化"。

其二，有可能影响中巴关系。以色列拥有对巴勒斯坦自治区（约旦河西岸和加沙地带）所有边界的控制权，并掌控主要的资源、能源及巴方劳动力和商品的流动，使巴勒斯坦经济无法摆脱对以色列的依附。由此，以色列已成为巴勒斯坦劳动力的主要就业市场，赴以色列境内打工成为巴勒斯坦人收入的主要来源。以色列中央银行2015年3月的统计数字显示，约有9.2万名巴勒斯坦人在以色列境内工作，其中64%有工作许可证，其余为非法劳工。出于安全原因，以方对进入以色列境内打工的巴勒斯坦人限制颇多，如只向24岁以上已婚的巴勒斯坦人颁发工作许可证等。中国劳工的大量涌入，将给巴勒斯坦人留下与其"抢饭碗"的印象，招致巴勒斯坦人不满。

其三，有可能与欧美国家的中东政策发生冲突。近年来，以色列政府执意在约旦河西岸、东耶路撒冷等巴勒斯坦被占领土扩建定居点，在国际社会广受"诟病"，陷于孤立。欧盟一直倡导对以色列实施"BDS运动"。据英国《金融时报》2015年6月报道，"BDS运动"将对以色列经济造成每年14亿美元的损失。2014年以来，欧洲刮起一股"承认风"，瑞典和梵蒂冈政府正式承认巴勒斯坦的国家地位，英国、法国、西班牙、葡萄牙等国议会也纷纷投票表决，敦促本国政府承认巴勒斯坦国。美国力推巴以和谈受挫，对以色列政府的定居点政策也颇有微词，指责以方此举破坏"两国方案"，阻碍和平进程。以色列境内的房地产建设与修建定居点之间并无明确的界线，在此背景下，中国向以色列增加建筑业劳务输出，似有为之解压、与欧美各个国家和地区政策背道而驰之嫌。

其四，中国劳工权益和安全难以得到保障。在中以尚未签署正式劳务协议的情况下，若中国劳务人员数量激增，势必增加劳务纠纷的风险。2014年，以色列遭受发自加沙地带的火箭弹袭击。2015年10月以来，约旦河西岸、东耶路撒冷等地巴以之间的暴力流血冲突频发。在安全形势较为恶劣的背景下，大量中国工人赴以色列无疑将增加安全风险，加大外交领事工作的压力。

## 第二节　以色列与中国台湾关系问题

历史上，以色列与中国台湾的"务实"关系主要体现在军事和经济两方面。其一，军工交易。对台湾地区来讲，20世纪70年代中美关系"解冻"后，台湾地区开始寻求新的武器供应源，军工产业发达的以色列自然成为台湾地区的"理想伙伴"。从以色列的角度看，谋取经济利益，是向台湾地区出售武器的重要动力。战火中成长的以色列发展起强大的军火工业，武器装备的出口在以色列国民经济中地位举足轻重，占当时该国工业总产值的40%以上。在相互利益需求的驱动下，以色列与台湾地区积极发展军事贸易关系。1975年，以色列向台湾地区出售了"沙弗里尔"防空导弹，并帮助台湾地区在当地生产"加百利2型"反舰导弹。在此基础上，台湾地区方面研制了"雄风"系列导弹的发射架。

进入20世纪80年代后，以色列对台湾地区军售的数量与质量都有不同程度的提升。台湾地区的"经国"战斗机和F-5战机均安装了以色列制造的雷达，并由以方进行升级换代。台湾地区海军的"洋"级驱逐舰安装了以色列制造的"加百利"导弹，13艘旧军舰在以军的帮助下得以翻新。以色列飞机工业公司向台湾地区出售了"罗塞特"火控和指挥系统。台湾地区的地下飞机掩体系统、武器和燃料储备系统采用了以色列模式。另据《纽约时报》报道，台湾地区和以色列的科学家于1981年联合参与了南非的核计划项目，并在核技术方面进行了交流与合作。

在台湾地区的"大力争取"下，以色列向台湾地区提供了"哈比"无人机的大部分技术参数，并帮助台湾地区在此基础上设计新型无人攻击机。据悉，台湾地区在以色列的帮助下研制的无人机平均造价只有5万美元，活动范围可达300千米，机头装有16千克炸药，可用红外线与自动目标辨别系统来锁定雷达电波，然后俯冲撞向雷达。

以色列的"海豚"潜艇颇受"台湾当局"青睐。"台湾当局地区安全会议副秘书长"江春男、"地区安全会议咨询委员"柯承亨等人曾赴美国、以色列实地考察。后由美国出面协调，制订了以色列设计、德国生产、美国购买交货的交易方式。

其二，经贸往来。1992年1月24日以色列与中国正式建交后，以色列对台湾地区的军售政策有所"收敛"，开始注重发展更具"实效性"的非官方联系和商业往来。据以方披露，台湾地区于1993年6月在特拉维夫设立联络处，此后台湾地区与以色列经贸关系发展迅速。从1991年到1997年，除武器外，以色列对台湾地区的出口从4 900万美元增长到2.028亿美元，从台湾地区的进口额由1.853亿美元增加到3.62亿美元。2002年，台湾地区与以色列双边贸易额增幅达1亿美元，以色列对台湾地区的出口额为3.31亿美元，进口额为4.3亿美元。2005年双边贸易额升至12亿美元。自2010年至2014年，台湾地区与以色列双边贸易额增加了9%，达13.3亿美元。

近年来，以色列政府在与台湾地区发展关系中总体上保持克制，维持在民间交往层面。台湾地区与以色列相互设有"经济文化办事处"，不时地搞一些经贸和文化交流活动，但基本上限于非官方层面。2010年7月，"台湾以色列商业文化促进会"（简称"台以商会"）成立。该组织由台湾地区"对外贸易发展协会"和驻台北以色列"经济文化办事处"等机构共同组建，设有12名理事和3名顾问，旨在促进台湾地区与以色列在双边贸易、科技、文化、教育及旅游方面的交流与合作。2011年，台湾地区与以色列实现了短期游客互免"签证"。2012年，台湾地区与以色列签署航空协议，为双方开通直航铺平道路。

2015年4月，台湾地区驻特拉维夫"经济文化办事处"代表季韵声与以色列驻台北"经济文化办事处"代表何玺萝签署了产业研发双边合作协定。2015年8月10日，台湾地区驻以色列代表与希伯来大学人文学院院长魏柯曼共同签署了《"台湾研究讲座计划"合作备忘录》。2015年10月，台以商会与以色列驻台湾地区"经济文化办事处"共同筹组"2015年以色列创新水科技参观团"，前往以色列参观水科技展览，并走访以色列主要的水科技公司。

2016年1月，台湾地区民进党主席蔡英文上台执政后，着力加强与以色列的经贸关系，得到以方积极回应。2016年4月，以色列经济部首席科学家办公室与台湾地区"经济部"签署《工业研发合作协议》。以色列首席经济学家哈森称，这是台湾地区与以色列双方签署的第一个研发协议，证明台湾地区高度重视以色列的创新技术。事实上，许多台湾地区公司已表达了与以色列同行合作开发项目的意愿。此外，"台湾当局"还有意加强与以色列的军事合作。2016年6月，据台湾地区军方透露，台湾地区海军已拟订12项军舰制造计划，将在2018年至2040年，斥资约940亿美元，建造驱逐舰和潜艇等，并准备与以色列谈判，寻求支持与帮助。

如果台湾地区与以色列的经贸关系，特别是军事关系不断扩展和加深，将使双边关系由民间层面上升至官方层面，触碰一个中国政治红线的概率上升，对中以关系造成损害。

## 第三节　　美国的干涉问题

中以两国的军事交往早在建交前便已存在。建交后，两军高层往来和专业团组互访活动频繁，军工、军技合作趋于密切。2000年以前，两军在坦克改造、军用通信、电子战、无人机、战斗机、空空导弹等多个项目上进行过合作，签署了20多个合同，总价值为10亿~20亿美元。美国一直给予中以军事交往高度关注。20世纪90年代中期，以色列同意以2.5亿美元的价格，向中国出售其自行研制的"法尔康"空中预警机。当时的克林顿政府随即向以方施压，以减少每年对以色列援助相威胁，迫使以色列政府最终于2000年7月取消了双方业已签订的军售合同。为此，以方向中方赔偿了3.19亿美元。2004年年底，以方根据与中方签署的另一个军事合同，将其于1994年卖给中国的多架"哈比"无人机运回以色列境内进行维修和保养，引起美国的警觉。美方怀疑中以私下签有秘密协议，准备由以方对这些无人机进行升级换代，于是要求以方不再将无人机归还给中方。同年9月，迫于美方的压力，中以无人机交易的主要负责人、时任以色列国防部总司长阿摩司—亚隆引咎辞职。

导致中以关系急剧恶化的"法尔康"预警机事件，其起因可追溯到1996年3月。当时台湾地区举行大选，中国大陆同时在台湾海峡进行导弹试射。美国随即以台湾地区受到中国大陆的导弹威胁为借口，提高了对台湾地区军售的水平，决定向台湾地区出售4架E－2T（"T"是指专门给台湾地区的）预警机，并在当年就陆续交货。在20世纪50年代，中国曾经从苏联获取空中雷达预警系统，但早已过时而被淘汰。因此，引进先进的飞机预警系统，是提高中国空防能力的当务之急。就在美国做出向台湾当局出售预警机的决定后，中国政府就决定开始寻找空中预警系统的卖家。

从理论上讲，中国可向世界所有制造预警机的国家购买。然而，因受巴黎统筹委员会（简称"巴统"，冷战时专门对苏联、中国等进行禁运的组织）的限制，英、法等国对华军售受到美国的严格限制，因此，中国只能向以色列或俄罗斯寻求帮助。

"法尔康"是以色列自行研制的飞机预警控制系统，可安装在多种类型的飞行平台上，如波音707系列、波音747系列、波音767系列、空中客车系列、C－130大力士运输机系列等。"法尔康"有空中侦测系统、雷达引导系统和自动识别系统。安装该系统的飞机实际上就成为远程空战协调指挥中心，可在方圆400千米的范围同时锁定60个目标，进行陆海空全天候侦测，可获得十几分钟的预警时间，有效防范导弹袭击。该系统能够同时指挥12批次的飞机进行作战，最大续航能力可达12小时。据专家计算，以色列研制的"法尔康"的性能要优于俄罗斯的A－50预警机的四倍。1996年6月，中以秘密签署合同，由以色列将"法尔康"系统安装在俄制伊尔－76运输机上，然后卖给中国。

中以双方进行预警机交易信息泄露后，美国开始向以方施加压力，迫使以方取消这笔交易。2000年7月12日，就在以色列总理巴拉克在戴维营出席以、巴、美三方首脑会谈的第二天，以方公开宣布搁置向中国出售预警机的计划。以色列之所以选择这个时机向中方摊牌，主要出于以下原因：其一，当时美国国会正准备围绕向以色列提供28亿美元军援的法案进行投票表决，以色列政府担心若在"法尔康"预警机问题上与美国闹僵，将失去这一援助。其二，戴维营三方会谈正在进行，美国已向以方许诺，一旦谈判成功，美国将向以色列增加大笔援款。在此形势下，以色列政府不得不向美方做出妥协。

可见，与美国的特殊的关系是以色列赖以生存和发展的重要外部条件。受此影响，以色列的外交政策也在很大程度上受制于美国。对以色列来讲，维持以美同盟关系，进而争取和维护美国在外交、军事以及经济方面的支持，一直是其对外政策的重中之重。据此，历届以色列政府均将与美国的关系置于外交的首选项。以色列已故总理拉宾曾说："以色列外交的底线，就是不能开罪美国，不能冒美国取消对以色列援助的风险。"现任总理内塔尼亚胡称，"以色列是美国的坚定盟友，是美国永远的友邦"。美国和以色列的关系形同"父子"，虽时有摩擦，但难以拆散。尽管以色列十分看重对华关系，对推进双边合作高度期待，但对于双方在军事等敏感领域的合作，仍不得不优先考虑美国的态度。美国维拉诺瓦大学的中东问题专家马利克教授称："由于以色列在安全方面要依靠美国，在今后50年里，以色列还得罪不起美国，不可能违背美国的意志行事。所以，美国要求以色列不向某些国家出售先进技术，以色列就不会再出售了。"

两害相权取其轻，两利相权取其重，这一点在以色列处理对美、对华关系的过程中得到充分体现。"法尔康"预警机事件充分说明，对以色列政府而言，美以关系远重于中以关系。从很大程度上讲，美国因素已成为制约中以军事关系发展的一个主要瓶颈。

## 第四节　中国影响力的限度

如前所述，在巴勒斯坦问题上，阿拉伯国家普遍支持巴方。因此，从很大程度上讲，巴勒斯坦问题是以阿关系的"晴雨表"。对中国而言，不论是出于维护与阿拉伯世界传统友谊的政治考量，还是保持中以科技创新合作的经济利益，均希望推动巴勒斯坦问题尽早解决，并愿意通过发挥自身的影响力为此贡献力量。然而，客观现实是，巴勒斯坦问题解决难度极大，而中国在此问题上的影响力受到各种客观因素的制约。

首先，巴以冲突形成难以管控的新常态。巴勒斯坦总统阿巴斯执政 10 年，业绩乏善可陈，在巴勒斯坦民众中的威望下降。因早已逾期的大选迟迟不能举行，阿巴斯的合法性受到哈马斯等派别质疑。"巴勒斯坦政策调研中心" 2015 年 12 月的民意调查结果显示，约 2/3 的巴勒斯坦人希望阿巴斯辞职。阿巴斯本人已入耄耋之年，多次表达去职意愿，但尚无合适接班人人选。未来巴勒斯坦政权继承人危机和权力斗争隐患潜伏。法塔赫内斗已现端倪，强硬派和流亡海外的原巴勒斯坦高官达赫兰等对政权稳定构成威胁和挑战。约旦河西岸和加沙地带巴勒斯坦人的生存环境不断恶化，失业率超过 25%。在巴勒斯坦人中，绝望情绪上升，极端思潮抬头，一些青年铤而走险，诉诸暴力。巴以和谈自 2014 年 4 月中断后深陷僵局，和谈缺乏恢复的基本条件。现行的和谈模式进入死胡同，巴以作为当事双方均缺乏恢复谈判的意愿。国际社会有关各方促谈努力受限，特别是作为最主要外部力量的美国促谈热情明显下降，无法提供有效的外力助推。和谈僵局短期内难以打破，巴勒斯坦人普遍对和平前景感到绝望，也是寻致冲突爆发的重要根源之一。对此，巴勒斯坦民族权力机构既无心也无力管控。以色列则一味采取强硬措施，加强对巴勒斯坦人的控制，变本加厉地实施巴以隔离。巴以双方既无缓和矛盾并解决问题的主观意愿、有效途径和资源，也没有在巴勒斯坦问题上做出让步的资本。因此，在一定时期内，无组织、无计划、无战略目标的随机性袭击、冲突成为巴以局势的常态，管控难度极大。对此，中国除呼吁巴以双方保持克制外，无力对缓和局势发挥实质性作用。

其次，美国的主导作用不可替代。自 1991 年美国与苏联共同发起马德里中东和会后，美国一直是巴以和平进程的主要外部协调人和推动者，一向在巴勒斯坦问题上起主导作用。美国是以色列的战略盟友和最大军事援助国，是唯一能够对以色列施加实质性影响的域外大国。在经济方面，美国既是以色列的重要贸易伙伴，也是有实力为巴勒斯坦经济重建提供资金援助并为巴方"募捐"的"金主"。纵观巴以和谈的历史，美国无疑是唯一可对巴以和平进程施加实质性影响的外部推动力量。中国既没有能力，也没有意愿取代美国在巴勒斯坦问题上的主导地位。

再次，以色列对巴勒斯坦的严格管控，为中国发挥经济影响力设置了障碍。因长期被占领，巴勒斯坦在经济、安全方面严重依赖以方，地位被动。巴勒斯坦经济基础极差，以方保有对巴勒斯坦自治区所有对外边界的控制权，并掌控着主要的资源、能源及巴勒斯坦商品和劳动力的流动，使巴勒斯坦经济无法摆脱对以色列的依附。以方则往往借防范恐怖袭击、保障境内犹太人安全为由，将封锁作为制裁巴方的"紧箍咒"，常常使巴勒斯坦经济陷于困境。例如，在2007年举行的国际捐助国大会上，国际社会承诺向巴勒斯坦自治区提供约77亿美元的经济援助。然而，因以色列拒不放松对约旦河西岸经贸活动的限制以及对加沙地带的封锁，只允许国际人道主义援助的部分生活物资进入加沙，同时禁止加沙生产的产品出口等，致使巴勒斯坦经济难以得到根本改善。

综上所述，巴勒斯坦问题迟迟不能解决，以及中国影响力受限，会在一定程度上对"一带一路"倡议的落实和推进形成制约。

## 第五节　　以色列的安全困境

以色列虽基本上实现了国家安全，但仍面临现实和潜在的暴力和恐怖袭击的威胁。

首先是来自巴勒斯坦激进势力和个人的威胁。以哈马斯为代表的巴勒斯坦激进组织不断对以色列发动武装袭击。2008年年底，哈马斯对以色列境内发射火箭弹，招致以军对加沙发起"铸铅行动"的军事打击。2012年，哈马斯再度向以色列发起武装挑衅，以军通过"云柱行动"空中打击进行报复。2014年7月—8月，以3名以色列犹太青年遭绑架和杀害为导火索，以军与哈马斯爆发长达50天的军事冲突。据联合国的统计，冲突造成1 483名巴勒斯坦人和72名以色列人死亡。巴勒斯坦人针对以色列犹太人目标的暴力袭击也时常发生。2015年10月，巴以双方对耶路撒冷宗教祈祷权的争夺成为导火索，双方陷入暴力冲突的恶性循环。巴勒斯坦人与以色列犹太人的流血冲突持续难抑，引起阿拉伯世界和国际社会广泛关注。此轮冲突不同于20世纪80年代末和2000年两次有组织的"因提法达"，凸显自发、零星、随意和隐蔽等特征，表现出一些新特点：一是手段新。有别于以往有组织、有预谋的自杀式爆炸等传统袭击方式，巴勒斯坦人多采取刀刺、车撞等新手段袭击犹太人，令以色列政府防不胜防。新媒体的作用凸显，大量巴勒斯坦青年利用"脸书""推特"等社交媒体获取、发布和传播相关消息，并用手机进行现场直播。此番的流血冲突因而被称为"智能手机大起义"。二是频率高。以往巴以之间的冲突多为间歇性爆发，而此番流血冲突在数月内几乎每天都会发生，且持续不断。三是范围广。冲突地区由约旦河西岸和东耶路撒冷扩散到北部赖阿南纳和南部贝尔谢巴等地，甚至犹太人与阿拉伯人一向和平相处的特拉维夫-雅法老城亦发生暴恐事件和反以示威等。四是烈度强。冲突造成巴以双方死伤上千人，加剧彼此间的民族仇恨。

其次是来自黎巴嫩真主党的威胁。1982年黎巴嫩战争爆发后不久，出于共同的反以斗争需要，伊朗与叙利亚商定，由伊朗革命卫队派遣1 000人进驻黎巴嫩贝卡谷地，帮助黎方培训反以武装人员。经过伊朗的精心训练，黎巴嫩逐渐形成了一支以"收复被以色列占领的土地，消灭犹太复国主义，建立伊斯兰共和国"为宗旨的武装力量——真主党。30多年来，真主党一直活跃在反以武装斗争的前线，通过爆炸、绑架、劫持、发射火箭弹等各种方式袭扰以色列，成为威胁以色列北部安全的心腹大患。2006年7月，黎巴嫩真主党武装袭击以军边境巡逻车，引发第二次黎巴嫩战争。在这场战争中，以色列动用了美国提供的现代化的武器，出动海、陆、空三军，以空军的精确目标打击为主，一个月就耗资51亿美元。真主党武装向以色列境内发射了约4 200枚"喀秋莎"火箭弹，造成42名以色列人丧生，数百幢房屋被毁，近百万人进入掩体，以色列北部的大部分商店也被迫关闭；造成以色列一艘最现代化的战舰——美国制造的多用途隐形"萨尔5"级护卫舰被击毁，以军两架直升机被击落，以军另有两架直升机相撞并坠毁，给以军造成的伤亡人数远远超过了1991年海湾战争（双方近1 300人在这场战争中丧生，其中以方约占1/4）。

近年来，尽管真主党卷入叙利亚内战，但仍不时对以色列发动袭击。2015年1月，真主党在黎以边境袭击以军巡逻车，打死打伤9名以军士兵。同年12月，真主党向以色列北部地区发射了至少3枚火箭弹。2016年1月，真主党又在以色列占领的萨巴阿农场袭击以军巡逻队。据美国《防务新闻》周刊2016年2月16日报道，真主党领导人赛义德·哈桑·纳斯鲁拉声称，其正致力于加强军力，以应对在黎巴嫩爆发第三次战争。一旦遭到以军攻击，真主党将采取新的军事策略，打击以色列的核设施，向以色列城市海法的化学品仓库发射火箭弹，并跨境进入以色列北部的加利利地区进行袭扰。

再次是来自叙利亚境内的极端组织的威胁。2011年叙利亚内战爆发后，以色列一直保持谨慎态度，没有被拖入战争。然而，因以叙两国接壤，以色列受叙利亚国内战火"外溢效应"影响明显。在叙利亚境内靠近戈兰高地一侧，时常发生枪弹或迫击炮弹射到以色列境内的事件。尽管以方威胁叙利亚政府须对"走火"事件负责，但实际上在叙利亚国内局势失控的情况下，叙利亚政府已经丧失对边境的管控能力。

此外，因伊朗领导人公开表明反以、仇以立场，并一直在幕后支持哈马斯和真主党等反以武装力量，且致力于发展核能力和导弹等，以色列领导人及军方、情报、国家安全委员会等机构，均认为伊朗是以色列的最大威胁。

以色列在中东地区面临的安全风险，给中以关系的进一步发展和"一带一路"倡议的落实增加了不确定因素。

# 参考文献

[1]　阿巴·埃班. 犹太史. 阎瑞松, 译. 北京: 中国社会科学出版社, 1992.

[2]　徐新, 凌继尧. 犹太百科全书: 修订版. 上海: 上海人民出版社, 1993.

[3]　纳达夫·萨弗兰. 以色列的历史和概况. 北京大学历史系翻译小组, 译. 北京: 北京人民出版社, 1973.

[4]　MAOZ Z. The Mixed Blessing of Israel's Nuclear Policy. International Security, 2003, 28(2): 44-47.

[5]　BAR-JOSEPH U. Israel's National Security Towards the 21st Century. London: Frank Cass, 2001.

[6]　赵丕. 中国军事百科全书学科分册 3: 国际军事安全. 2 版. 北京: 中国大百科全书出版社, 2008.

[7]　赵恒. 核不扩散机制: 历史与理论. 北京: 世界知识出版社, 2009.

[8]　徐向群, 余崇健. 第三圣殿: 以色列的崛起. 上海: 上海远东出版社, 1994.

[9]　HELLER M. Israel as a Regional Power: Prospects and Problems. New York: Palgrave Macmillan, 2014.

[10]　徐向群. 沙漠中的仙人掌: 犹太素描. 北京: 新华出版社, 1998.

[11]　段琦. 美国宗教嬗变论: 一个中国人眼中的美国宗教. 北京: 今日中国出版社, 1994.

[12]　MAISEL L S, FORMAN I N. Jews in American Politics. Lanham, Maryland: Rowman&Littlefield Publishers, Inc., 2001.

[13]　ISSACSON J, FOLTON R. Mid-term Election Yields Change at the

Margins. Washington D.C.：American Jewish Committee，1998.

[14] 杨曼苏. 以色列：谜一般的国家. 北京：世界知识出版社，1997.

[15] 保罗·芬德利. 美国亲以色列势力内幕. 武秉仁，戴克伟，译. 北京：中国对外翻译出版公司，1990.

[16] ROSENTBAL S T. Irreconcilable Differences? Hanover and London：Brandeis University Press，2001.

[17] 金宜久，吴云贵. 伊斯兰与国际热点. 北京：东方出版社，2001.

[18] 阎瑞松. 以色列政治. 西安：西北大学出版社，1995.

[19] LAVI G，HE J J，ERAN O. China and Israel：On the Same Belt and Road? Strategic Assessment，2015，18(3)：86.

[20] 张倩红，贾森. 犹太人与丝绸之路. 光明日报，2015-09-12(11).

[21] SOKOL S. China's "Lost Jews" to Hold First Seder in Kaifeng. The Jerusalem Post. (2014-04-10)[2019-04-15]. http://www.jpost. com/Jewish-World/Jewish-Features/Chinas-lost-Jews-to-hold-first-Seder-in-Kaifeng-347934.

[22] WALD S S. China and the Jewish People: Old Civilizations in a New Era. Jerusalem：The Jewish People Policy Planning Institute.

[23] 莱昂内尔·弗里德费尔德，马飞聂. 以色列与中国：从丝绸之路到创新高速. 彭德智，译. 北京：人民出版社，2016.

[24] HASHIM S H，BEHBEHANI. China's Foreign Policy in the Arab World(1955−1975). Middle East Journal，1982，36(4)：601-603.

[25] 韩念龙. 当代中国外交. 北京：中国社会科学出版社，1987.

[26] 杜先菊. 中国以色列外交关系史. 中国香港：文化传讯出版社，2009.

[27] HAN X X. Sino-Israeli Relations. Journal of Palestine Studies，1993，22(2)：62-77.

[28] 王泰平. 新中国外交50年. 北京：北京出版社，1999.

[29] 尹崇敬. 中东问题100年. 北京：新华出版社，1999.

[30] 彭树智. 二十世纪中东史. 北京：高等教育出版社，2001.

[31] 冯基华. 犹太文化与以色列社会政治发展. 北京：社会科学文献出版社，2010.

[32] 李绍先. 阿拉伯世界内部关系透视//肖宪. 世纪之交看中东. 北

京:时事出版社,1988:298-299.

[33] 王水平,胡丹.中以经贸合作迎来广阔空间.环球网.(2016-04-06)[2019-04-15].http://finance.huanqiu.com/cjrd/2016-04/8802390.html.

[34] 中国和以色列发表关于建立创新全面伙伴关系的联合声明.中国新闻网.(2017-03-22)[2019-04-15].http://www.chinanews.com/gn/2017/03-22/8179846.shtml.

[35] 冯志文.中以签署加强农业合作行动计划.科技日报,2015-11-14(2).

[36] 以色列驻华大使安泰毅谈促进中以关系全面发展.人民网强国论坛.(2019-09-10)[2019-04-15].http://www.people.com.cn/GB/32306/143124/147550/10030732.html.

[37] GABISON Y. Tnuva Sale to China's Bright Food Grows Closer. Haaretz,2014-02-11.

[38] 李克强与内塔尼亚胡谈了啥?中国政府网.(2017-03-21)[2019-04-15].http://news.china.com/domestic/945/20170321/30346294.html.

[39] 薛华领.中国以色列促进学生双向流动.中国教育报,2013-01-25(8).

[40] 汉语热迅速升温以色列政府要求中学开始教中文.中国新闻网.(2010-01-28)[2019-04-15].http://www.chinanews.com/hwjy/news/2010/01-28/2097298.shtml.

[41] 薛华领.汉语进入以色列主流学校.神州学人,2012(11):45.

[42] 王水平.希伯来大学有了孔子学院.光明日报,2014-05-22(8).

[43] 耶路撒冷希伯来大学孔子学院举行揭牌仪式.中国新闻网.(2014-05-22)[2019-04-15].http://www.chinanews.com/hwjy/2014/05-22/6200247.shtml.

[44] 以色列掀起中国风:"感知中国·以色列行"活动综述.人民日报,2009-11-02(3).